AF351210

Paul Talafo

De la conversion à la Sanctification Sans laquelle Nul ne verra Le Seigneur Dieu

Etapes-clés

«Si quelqu'un est en Christ, il est une nouvelle créature. Les choses anciennes sont passées ; voici : toutes choses sont devenues nouvelles» **2 Corinthiens 5:17**

Job Daniel Jean

Sauf exception signalée dans le texte, les citations bibliques sont de la version Segond révisé, édition Colombe.

Du même auteur

Le disciple que Jésus-Christ cherche
Au bon souvenir de Marie Madeleine

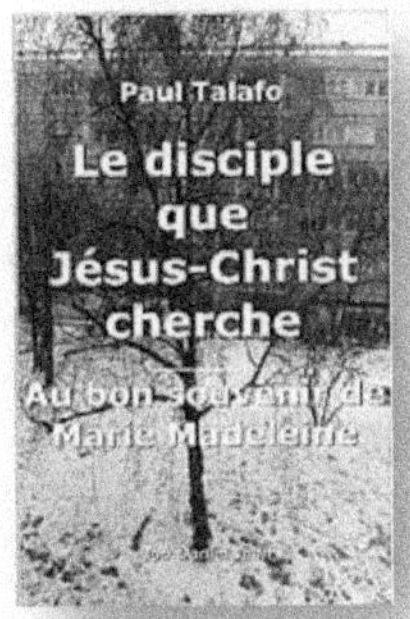

Les premiers seront les derniers et les derniers
seront les premiers
Qui sont-ils ?

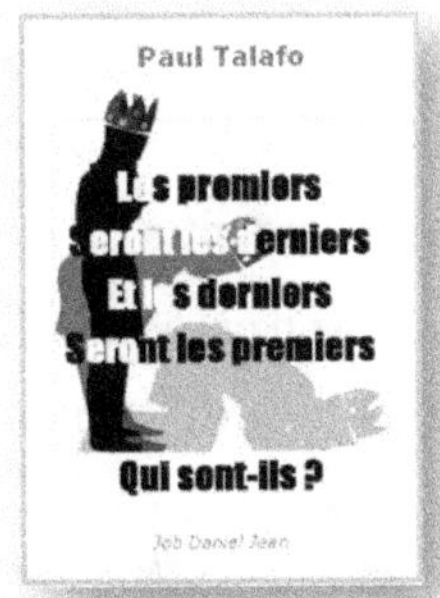

Du sacerdoce lévitique au sacerdoce du Christ, la
lumière sur le salut par la grâce au moyen de la foi
Sur le fondement des apôtres et des prophètes

Un cœur brisé et contrit ou
La repentance, la gratitude et
La couronne des vainqueurs

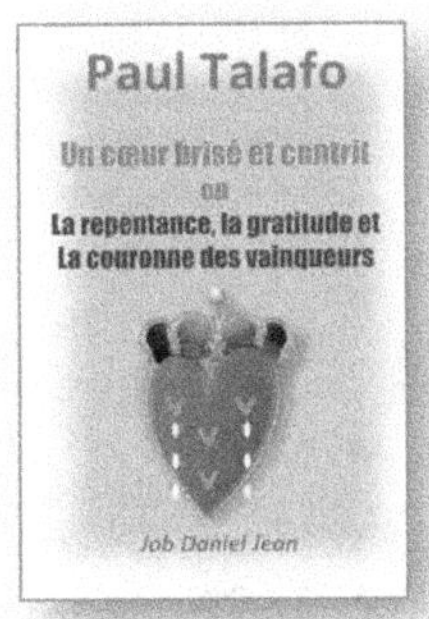

Les écluses des cieux aux héritiers de Dieu et
cohéritiers avec Christ sur la terre en ce temps-ci

Sommaire

Introduction

Malgré de nombreux appels des apôtres du Christ à l'unité, car il y a un seul corps, un seul Esprit, une seule espérance, un seul Seigneur, une seule foi, un seul baptême, un seul Dieu et Père de tous, nous faisons le constat, pour le déplorer, de l'existence de nombreuses divisions ecclésiastiques dans le monde en général, dans la ville où vous vivez en particulier.

Cette multiplication de confessions, se réclamant pourtant d'un même Seigneur Jésus-Christ, a créé plusieurs interprétations des Ecritures, au point que, toute personne souhaitant se convertir à Christ, peut raisonnablement se poser des questions sur la meilleure église où elle peut édifier sa foi chrétienne.

Si l'on va plus loin, il sera question de savoir quel type de baptême recevoir, comment recevoir l'Esprit du Christ, le Saint-Esprit sans Lequel nul ne peut appartenir à Christ, et dans quelle église peut-on réellement faire ses premiers pas dans l'édification de la vie chrétienne. Ceci ne tient pas compte de plusieurs autres sujets d'importance que le chrétien ne manquera pas de se poser, en rapport avec les thèmes dominants ou rarement évoqués dans les églises, souvent par pudeur.

Le présent livre se penche sur les Ecritures et la liberté de l'Esprit prônée par les apôtres, pour proposer les étapes-clés de l'édification d'une expérience chrétienne solide, sans complexe, ni compromission. Ces étapes permettront au chrétien de se débarrasser du complexe de jeune converti envers un chrétien plus ancien. Contrairement au monde où l'âge représente une barrière culturelle et hiérarchique, le Seigneur insiste sur le fait que le chrétien, quel que soit son âge, garde les commandements de Son Père. Ce livre encourage le chrétien à focaliser son attention sur la Parole de Dieu, de préférence aux traditions humaines qui ont le malheur, souvent, de supplanter le commandement de Dieu dans les églises. Jésus disait en effet à Ses auditeurs incrédules :

«Vous abandonnez le commandement de Dieu, et vous tenez à la tradition des hommes. Il poursuivit :

> *Vous rejetez bel et bien le commandement de Dieu*
> *pour garder votre tradition»* (**Marc 7:8-9**).

Nous prions le lecteur de considérer comme parfaitement synonymes les expressions : disciple, chrétien, saint, enfant/fils de Dieu ; tout comme les expressions : Esprit, Esprit Saint, Saint-Esprit, Esprit du Christ, Esprit de Dieu, Esprit de vérité, Consolateur.

Afin d'éviter que les thèmes de ce livre, d'une grande transversalité, ne se perdent dans l'abondance des autres thèmes de la foi, la majeure partie provient du quart d'un livre du même auteur sous le chapitre : *De la nouvelle naissance à la sanctification du disciple : étapes-clés*. Il s'agit du livre «**Le disciple que Jésus-Christ cherche, au bon souvenir de Marie Madeleine**». Le lecteur est donc invité à enrichir sa collection au cas où il aurait déjà acquis ce livre. Néanmoins, il sera heureux de découvrir que la présente mouture a bénéficié de la fraîcheur et des ajouts propres à toute révision.

Sauf avis contraire, toutes les citations bibliques sont de la version Segond révisée. Elles sont reproduites dans le texte pour une meilleure exploitation. **Matthieu 5:10-13** signifiant : *livre de Matthieu, chapitre 5, versets 10 à 13.* Par souci de vérité, nous avons tenu à bien situer chaque verset des Ecritures dans son contexte, en surlignant en **gras** la partie essentielle de l'explication. Le lecteur trouvera peut-être ennuyeuse la reproduction intégrale des versets bibliques plutôt qu'un renvoi en notes de bas de page. Cela a été fait exprès car les versets mémorisés ont tendance à subir des déformations avec le temps. Est-ce dû à l'usure de la mémoire ou à l'œuvre du diable ? Probablement un peu des deux. Est-ce pour cela que les israélites, après une longue période d'obéissance, recommençaient à transgresser les commandements de Dieu ? Possible. Nous notons que Moïse recommandait aux israélites de lier les commandements comme *un signe dans leurs mains et comme des frontaux entre leurs yeux*, voire de les *écrire sur les poteaux et les portes de leurs maisons* (**Deutéronome 6:8-9**). Cette précaution de Moïse n'est pas fortuite. Le lecteur est donc invité à ne pas s'exaspérer de cette reproduction des Ecritures, mais plutôt, à les lire attentivement. Il remarquera que certains versets, qu'il croyait avoir bien mémorisés, se présentent sous un rapport différent. Nous avons mis en médaillon, sous forme d'encadrés, des mises au point particulièrement importantes. Enfin, tous les pronoms se rapportant au Seigneur Dieu ont été mis en majuscule, par souci de précision et de sanctification de Sa personne. Que le Seigneur Dieu accompagne le lecteur, ouvre son esprit et son intelligence pour comprendre la longueur et la profondeur de Son amour pour les hommes et les femmes qu'Il agrée, en plus de Son appel à la première résurrection. En effet «*Heureux et saints ceux qui ont part à **la première résurrection** ! La seconde mort n'a pas de pouvoir sur eux, mais ils seront sacrificateurs de Dieu et du Christ, et ils règneront avec Lui pendant les mille ans*» (**Apocalypse 20:6**).

Votre engagement à devenir chrétien

> *«J'ai encore **d'autres brebis** qui ne sont pas de cette bergerie ; celles-là, il faut aussi que Je les amène ; elles entendront Ma voix, et il y aura **un seul troupeau**, un seul Berger»* **Jean 10:16**.

> *«Allez, **faites de toutes les nations des disciples**, baptisez-les au nom du Père, du Fils et du Saint–Esprit, et **enseignez-leur à garder tout ce que Je vous ai prescrit**»* **Matthieu 28:19-20**.

Ce livre, que nous voulons simple, évitera d'évoquer les raisons qui vous ont poussé à faire le choix de devenir membre de la bergerie du Seigneur Jésus-Christ. Les raisons sont aussi nombreuses qu'il y a de croyants différents les uns les autres, en intelligence, sentiment et volonté. Malgré leur ressemblance, deux jumeaux sont toujours différents ; et à plus forte raison deux humains pris au hasard.

En décidant de devenir chrétien, vous avez pris une excellente décision, certainement la plus importante de votre existence, tous âges confondus. En effet, selon l'Ecriture, Dieu connaît toutes les futures brebis du Seigneur avant le commencement du monde. Leurs noms furent inscrits dans le Livre de vie de l'Agneau – Jésus-Christ – avant la fondation du monde.

Nous nous excusons donc auprès des amateurs de témoignages à couper le souffle. Nous ne pouvons pas tout simplement en faire même quelques allusions, pour ne pas blesser certains par omission. Ce qui est capital cependant est que vous vous assuriez que votre décision a été parfaitement mûrie en raison des conséquences que cela implique et dont nous vous en faisons l'écho dans les lignes ci-après.

L'héritage du chrétien au ciel et sur la terre

Celui qui croit que Jésus-Christ est le Fils de Dieu est passé de la mort à la vie. Il est devenu une nouvelle créature avec toutes ses conséquences. Les choses anciennes sont passées. Toutes choses sont devenues nouvelles. Selon l'Ecriture (Bible) :

> «Jésus dit : *Celui qui écoute Ma parole et qui croit à Celui qui M'a envoyé, a la vie éternelle et ne vient pas en jugement,* **mais il est passé de la mort à la vie**» (**Jean 5:24**).

> «Paul leur dit : *Si quelqu'un est en Christ,* **il est une nouvelle créature. Les choses anciennes sont passées ; voici : toutes choses sont devenues nouvelles**» (**2 Corinthiens 5:17**).

Celui qui croit que Jésus-Christ est le Fils de Dieu se fait baptiser et reçoit en retour le Saint-Esprit qui est l'Esprit de Jésus-Christ. A ce titre, il devient un saint – on dit aussi qu'il est chrétien ou disciple du Christ – membre du royaume des cieux. Dorénavant, il sera attaché aux habitudes des cieux, de préférence à celles ici-bas sur la terre.

> «*Pierre leur dit : Repentez-vous, et* **que chacun de vous soit baptisé au nom de Jésus-Christ,** *pour le pardon de vos péchés ; et vous recevrez le don du Saint-Esprit*» (**Actes 2:38**).

Celui qui croit que Jésus-Christ est le Fils de Dieu, ne vit plus pour lui-même ; il vit pour Dieu. Il ne s'appartient plus à lui-même ; il appartient à Dieu : esprit, corps et âme.

> «*Il (Christ) est mort pour tous,* **afin que les vivants ne vivent plus pour eux-mêmes, mais pour Celui qui est mort et ressuscité pour eux**» (**2 Corinthiens 5:15**).

Celui qui croit que Jésus-Christ est le Fils de Dieu n'est donc plus de ce monde, comme Jésus-Christ, Lui, n'était pas de ce monde. Le chrétien est passé de la nature humaine à la nature divine.

*«Je (Jésus) leur ai donné Ta parole ; et le monde les a haïs, parce qu'ils ne sont pas du monde, comme Moi Je ne suis pas du monde. Je ne Te prie pas de les ôter du monde, mais de les préserver du mal. **Ils ne sont pas du monde, comme Moi Je ne suis pas du monde**»* (**Jean 17:14-16**).

*«Par elles (gloire et vertu de Dieu) les promesses les plus précieuses et les plus grandes nous ont été données, afin que par elles vous deveniez **participants de la nature divine**, en fuyant la corruption qui existe dans le monde par la convoitise»* (**2 Pierre 1:4**).

Celui qui croit que Jésus-Christ est le Fils de Dieu fera lui aussi les miracles que Jésus avait accompli durant Son voyage terrestre. Il en fera même de plus grandes car la mission du Christ ne dura que trois ans, alors que la sienne peut aller beaucoup plus loin dans le temps.

*«Celui qui croit en Moi **fera, lui aussi, les œuvres que Moi Je fais, et il en fera de plus grandes**, parce que Je m'en vais vers le Père»* (**Jean 14:12**).

Celui qui croit que Jésus-Christ est le Fils de Dieu a accès aux écluses des cieux. Il est en effet écrit :

*«Mettez-Moi de la sorte à l'épreuve, dit l'Éternel des armées. **Et vous verrez si Je n'ouvre pas pour vous les écluses du ciel**, si Je ne déverse pas pour vous la bénédiction, **au-delà de toute mesure**»* (**Malachie 3:10**).

Celui qui croit que Jésus-Christ est le Fils de Dieu devient héritier de Dieu, cohéritier avec Christ : Christ et lui ont accès au même capital successoral.

*«Et puisque nous sommes enfants, nous sommes aussi héritiers : **héritiers de Dieu, et donc cohéritiers du Christ**, puisque nous souffrons avec Lui pour avoir part à Sa gloire»* (**Romains 8:17/ Bible Semeur**).

Celui qui croit que Jésus-Christ est le Fils de Dieu héritera en particulier le Trône de Dieu selon qu'il est écrit :

> «*Le vainqueur, **Je (Jésus) le ferai asseoir avec Moi sur Mon Trône**, comme Moi J'ai vaincu et Me suis assis avec Mon Père sur Son Trône*» (**Apocalypse 3:21**).

Celui qui croit que Jésus-Christ est le Fils de Dieu devient, maintenant et pour toujours, ambassadeur du Christ sur la terre. A ce titre, il hérite du ministère de la réconciliation afin de réconcilier le monde avec Dieu.

> «*Et tout cela vient de Dieu, qui nous a réconciliés avec Lui par Christ, et **qui nous a donné le ministère de la réconciliation**. Car Dieu était en Christ, réconciliant le monde avec Lui-même, en n'imputant point aux hommes leurs offenses, et **Il a mis en nous la parole de la réconciliation**. Nous faisons donc les fonctions **d'ambassadeurs pour Christ**, comme si Dieu exhortait par nous ; nous vous en supplions au nom de Christ : Soyez réconciliés avec Dieu !*» (**2 Corinthiens 5:18-20**).

Etant devenu héritier de Dieu, celui qui croit en Christ est donc appelé à découvrir le Testament laissé par Dieu pour Ses héritiers et cohéritiers avec Christ : l'Ancien (Tora) et le Nouveau Testaments réunis. De nombreux diamants l'y attendent pour une merveilleuse découverte.

Celui qui croit que Jésus-Christ est le Fils de Dieu a donc pris la meilleure décision de sa vie.

Les lignes qui suivent donnent les étapes-clés qui guideront le futur chrétien à se conformer à la norme du Christ selon les Ecritures. Ces étapes ont été débarrassées des complications inutiles, propres aux systèmes ecclésiastiques fermés. Car *là où est l'Esprit, là est la liberté*.

Les étapes-clés du baptême à la sanctification du disciple

«*J'ai encore **d'autres brebis** qui ne sont pas de cette bergerie ; celles-là, il faut aussi que Je les amène ; elles entendront Ma voix, et il y aura **un seul troupeau**, un seul Berger*» **Jean 10:16**.

«*Allez, **faites de toutes les nations des disciples**, baptisez-les au nom du Père, du Fils et du Saint–Esprit, et **enseignez-leur à garder tout ce que Je vous ai prescrit***» **Matthieu 28:19-20**.

Naître de nouveau par une repentance claire devant Dieu

Contrairement aux apparences, la nouvelle naissance ou conversion à Christ n'est pas difficile. Ce qui est difficile à faire comprendre, c'est le fait qu'un si important salut soit gratuit. Ce qui est crucial, en revanche, c'est le sérieux de celui qui se réconcilie avec Dieu via Son Christ. Cette réconciliation est un acte de cœur car ce qui vient du cœur est sérieux. Il suffit donc que la personne, désirant se convertir, soit sérieuse et de tout cœur avec sa décision de le faire. La conversion n'est pas une affaire de génuflexion, de breuvage à avaler, et encore moins de scarification ou autres mutilations sur le corps. L'acte de conversion met en scène une personne consciente de son désir de tourner définitivement la page de sa vie, en faisant de Jésus-Christ son Seigneur et Maître pour la vie. Cela sous-entend qu'il est prêt à tourner le dos à plusieurs choses que le Seigneur lui indiquera, via son Esprit entré en lui, sur le chemin de la sanctification qu'il poursuivra en tant que disciple.

La nouvelle naissance dépend donc, et surtout, du sérieux de la personne désirant la conversion. Si la personne est sincère de cœur, sa conversion sera agréée par le Seigneur. Il n'est pas tenu de sentir quelque chose dans son corps durant la prière de repentance – acte d'engagement –, même s'il est apparu, dans des cas plus ou moins rares, des manifestations imprévisibles dont le disciple est seul à témoigner. Ces manifestations ne doivent pas troubler le disciple.

- **Le lieu où s'effectue la prière de repentance**

Le lieu n'a aucune importance. La repentance peut se dérouler partout car Dieu a les yeux rivés en tout lieu imaginable : un avion, un train, un bateau, une cours de récréation, un gymnase, une chambre, un salon, une route, un terrain vague, une pièce sombre ou éclairée, un temple ; et la liste est loin d'être exhaustive. Sur le coup, on s'assurera que l'endroit où l'on se trouve rend possible une prière discrète et sincère à Dieu. Pourquoi discrète ? Parce que toute prière sérieuse est discrète, sinon c'est une exhibition ou un désir de se faire voir.

- **En présence de qui s'effectue la prière de repentance ?**

La prière, comme toute requête, met en scène le requérant – personne – et le destinataire – Jésus-Christ. La prière suppose donc que le disciple en devenir se tienne devant le Seigneur à Qui il adresse sa requête. Toutefois, en cas de timidité ou par souci d'être réconforté devant un Seigneur invisible, le disciple peut demander à être accompagné dans sa prière par une personne déjà convertie. Partout où une prière est adressée à Jésus-Christ, Le Seigneur entend car Il est invisible et omniprésent. Il voit et entend toutes les sensations du cœur humain, où qu'il se trouve.

- **Quels sont les termes à utiliser dans la prière de repentance ?**

Imaginez que vous ayez une requête très sérieuse à soumettre à quelqu'un. Il importera peu à ce dernier que le verbe soit haché ou fluide, haut ou bas, émotif ou calme. Le message passera si l'interlocuteur est attentif. Dans notre cas, le Seigneur est toujours attentif. Le message sera reçu s'Il note que vous prenez la chose à cœur. C'est ici que le requérant est attendu. Et c'est ce détail qui déterminera, plus tard, le sérieux de sa foi en Dieu.

Peu importe donc l'atmosphère régnant là où l'on décide de se repentir, cependant les intentions suivantes doivent clairement ressortir du cœur : «*Seigneur Jésus-Christ de Nazareth, je viens auprès de Toi parce que je crois que Tu es le Fils du Dieu vivant offert en sacrifice pour la vie éternelle. Je regrette sincèrement d'avoir vécu éloigné de Toi, en posant des actes contraires à la sainteté de Dieu. Je Te prie de me pardonner tous ces égarements passés et présents, et de m'accepter pour toujours dans Ta bergerie. Je T'en remercie. Amen*».

Cette prière peut être allongée ou raccourcie, selon les circonstances et l'émotion de la personne qui croit. Ces moments engagent le cœur, d'où une présence possible d'émotions, sans que cela ne donne lieu à interprétations particulières, les humains ne réagissant pas tous de la même manière.

Une fois cette prière effectuée, le nouveau converti ne doit pas douter de la vie éternelle qu'il vient d'hériter selon qu'il est écrit «*En vérité, en vérité, Je vous le dit, **celui qui croit a la vie éternelle***» (**Jean 6:47**). Il ne doit pas douter que le Seigneur Jésus-Christ l'a bien reçu car le verset dit «*Celui qui croit...*» et non «*Celui qui pense que Jésus a accepté sa requête...*». En cas de doute, c'est donc dans son cœur qu'il doit se poser des questions, et non du côté de Christ. Il doit croire qu'il est né de nouveau et que le Saint-Esprit de Christ est entré en action au-dedans de lui, même s'il ne sent absolument rien car on ne peut pas sentir l'Esprit qui n'a pas de gravité. Au cas où l'on sent quelque chose, telle une manifestation irrégulière ou extraordinaire, il ne faut en tirer aucune conclusion, mais s'en souvenir comme anecdotique. Toutefois, le disciple jugera, en lisant le passage plus bas sur le baptême du Saint-Esprit, s'il a affaire à ce type de baptême ou non ; car il est arrivé, quoique cela soit rare, que des disciples aient reçu le don du Saint-Esprit pendant leur repentance, bien avant d'être baptisés d'eau. Le baptême d'eau suit la repentance car il faut envoyer au monde le message que le nouveau converti a réellement changé de camp.

- **Deux cas particuliers de repentance**

Sans que cela soit érigé en standard dans la conduite des âmes à la repentance, nous pouvons arrêter nos regards sur deux cas de repentance vécus dans l'Ecriture. Ces deux cas montrent que la conversion est une affaire de cœur. Il s'agit de la repentance de l'eunuque éthiopien (**Actes 8:36-38**) et du païen Corneille (**Actes 10**). Dans les deux cas, aucune prière de repentance ne fut formellement adressée à Dieu. Pendant que le diacre Philippe expliquait la parole de Dieu à l'eunuque, ce dernier lui demanda au détour d'un point d'eau : *«Voici de l'eau, qu'est-ce qui m'empêche d'être baptisé ?»*. La réponse de Philippe fut : *«Si tu crois **de tout ton cœur**, cela est possible»*. Après la déclaration solennelle de l'eunuque – et non une prière –, le diacre Philippe le baptisa. Le diacre n'avait pas besoin de se demander si l'eunuque était sincère. Si l'eunuque ne l'avait pas été, il n'aurait pas posé la question au détour d'un point d'eau. Dans le cas de Corneille, le cœur fut vraiment conquis car c'est pendant que Pierre faisait son discours d'évangélisation que le Saint-Esprit descendit sur les personnes rassemblées. Pierre n'avait plus besoin de preuve de la conversion de ses hôtes. Il les baptisa aussitôt. La prière de repentance est un acte de foi. On n'a pas à exiger de confirmation particulière. C'est le cœur du disciple qui réagit en face de Dieu. La base d'une vraie conversion est le cœur qui croit sincèrement. Dans le cas contraire, on aura des simulacres de conversion à la ruine du concerné. Il pourra berner l'église mais pas Dieu. On a très peu de moyen de vérifier que le cœur est sincère mais le Seigneur n'exige pas que l'on aille au-delà de la déclaration ou de la prière du converti. Il s'occupe du reste.

- Envoyer au monde le message qu'on a changé de camp

Une fois que l'on a adressé sa requête au Seigneur, comme ci-dessus, le requérant doit croire qu'il a la vie éternelle, qu'il ait senti ou non quelque chose lors de la prière de repentance. Le disciple doit croire que le Saint-Esprit est entré en œuvre dans sa vie. Mais ce n'est pas tout. Le fait est que le monde ignore sa nouvelle vocation. A ce niveau, le disciple a la vie éternelle mais n'est pas sauvé du monde. Aux yeux du monde, il fait encore partie de son camp. Or le monde doit savoir qu'il est passé de l'autre côté, de la mort à la vie selon qu'il est écrit : «*Celui qui écoute Ma parole et qui croit à Celui qui M'a envoyé, a la vie éternelle et ne vient pas en jugement, **mais il est passé de la mort à la vie**»* (**Jean 5:24**). Il appartient maintenant au disciple d'informer le monde de son engagement, en se faisant baptiser, car Jésus et tous Ses disciples furent baptisés d'eau, sans poser de question. Une personne qui croit et ne se baptise pas, a la vie éternelle, mais n'est pas sauvée du monde. Ceux qui croient qu'on peut être disciple en secret se trompe. Quiconque croit en secret veut vivre de dissimulation et de camouflage. Les démons font malheureusement pareil et le croyant peut être confondu avec eux. Il n'y a donc pas de différence, pour le monde, entre un croyant secret et un démon secret. Le monde doit donc être témoin de la rupture d'avec lui. Le baptême est l'élément fondamental qui choque le monde et ne le laisse pas indifférent. Le croyant ne doit pas craindre de choquer le monde qui découvre qu'il a changé de camp. C'est le but recherché.

Se baptiser d'eau

- Pourquoi se baptise-t-on d'eau ?

Jésus Se fit baptiser d'eau. On se baptise d'abord parce que Jésus, le Seigneur et Modèle, S'est fait baptiser d'eau sur la terre. Quiconque ne se baptise pas d'eau n'a rien en commun avec Jésus-Christ. On peut déjà remarquer que Jean le Baptiste, quand Jésus vint pour Se faire baptiser, ne fut pas réceptif à cette idée car, pensait-il, c'était à Jésus de le baptiser et non l'inverse. Mais le Seigneur Jésus, en dépit des réticences du prophète, insista et ce dernier Le baptisa finalement. Il faut donc impérativement se faire baptiser après la conversion, si elle est vraiment sincère. Si quelqu'un redoute le baptême, il y a de fortes chances qu'il n'ait jamais cru du fond du cœur, et que sa prière de repentance n'ait pas été sincère. Peut-on dire de tous ceux qui se font baptiser qu'ils se sont sérieusement repentis ? On doit le penser car les cas contraires sont rares. En revanche, tous ceux qui se sont réellement repentis ne s'opposent pas au baptême, et le demandent même avec empressement. C'est le cas de l'eunuque éthiopien. Après avoir écouté les explications du diacre, l'eunuque l'interrogea au passage d'un point d'eau : *«Voici de l'eau ; qu'est-ce qui m'empêche d'être baptisé ?* Philippe dit : **Si tu crois de tout ton cœur**, *cela est possible. L'eunuque répondit : Je crois que Jésus–Christ est le Fils de Dieu. Philippe ordonna d'arrêter le char ; tous deux descendirent dans l'eau, Philippe ainsi que l'eunuque, et il le baptisa»* (**Actes 8:36-38**). L'exemple de l'eunuque éthiopien illustre l'une des repentances les plus courtes, sans prière longue, mais une déclaration solennelle après que le disciple lui eut demandé s'il était sincère. Cela confirme que la repentance est une affaire sérieuse. On peut noter qu'après avoir cru du fond du cœur, l'eunuque ne tarda pas à demander le baptême d'eau. Il n'attendit pas qu'on vienne le lui proposer. Celui qui a cru de manière sincère ne refusera pas le baptême.

Jésus l'exige de tous Ses disciples. *«Allez, faites de toutes les nations des disciples,* **baptisez-les** *au nom du Père, du Fils et du Saint–Esprit»* (**Matthieu 28:19**).

Les apôtres ont recommandé le baptême d'eau. *«Pierre leur dit : Repentez-vous, et* **que chacun de vous soit baptisé** *au nom de Jésus–Christ, pour le pardon de vos péchés ; et vous recevrez le don du Saint–Esprit»* (**Actes 2:38**).

Le baptême d'eau marque le passage irréversible d'un monde à un autre. La longue route de la restauration de l'homme par Dieu, après sa chute dans le jardin d'Eden, est parsemée d'actes de rupture irréversible. L'Ecriture nous indique que : (i) le peuple israélite fut baptisé en Moïse dans la nuée et dans la mer, en la traversant à pied. Il y avait la nuée au-dessus et la mer alentour (**1 Corinthiens 10:2**) ; (ii) Noé et toute sa famille furent baptisés dans le déluge car il y avait la pluie au-dessus et l'eau en bas (**1 Pierre 3:20-21**). D'un côté, il y a la rupture de Noé d'avec l'ancien monde et de l'autre, la rupture des israélites d'avec l'Egypte où ils furent esclaves.

> Par le baptême d'eau, le disciple annonce au monde qu'il est passé de son camp au royaume des cieux, même s'il continue de vivre physiquement dans le monde. Il doit désormais se considérer comme résident temporaire dans ce monde. En effet «*Il (Père) nous a délivrés du pouvoir des ténèbres et nous a transportés dans le royaume de Son Fils bien–aimé (Jésus-Christ)*» (**Colossiens 1:13**).

Ces différentes images indiquent toute l'importance du baptême d'eau pour le disciple et pour le monde alentour pris à témoin. C'est une preuve visible que l'on a irréversiblement tourné la page du passé. Noé n'est plus retourné au monde ancien qui avait disparu sous le déluge. Les israélites ne sont plus retournés à la servitude égyptienne après l'avoir quittée. Un disciple indique, par le baptême d'eau, que sa rupture avec le passé est irréversible. Le baptême est certainement l'image la plus choquante que le monde ait eu à découvrir en matière d'engagement moral, là où une déclaration de foi ou prestation de serment aurait dû suffire. L'eau de pluie mouille quand on est surpris sans abri disponible. L'eau de rivière mouille quand on la traverse à la nage ou à pied d'une rive à l'autre. L'eau de bain mouille parce qu'on veut se débarrasser de la saleté. Mais se tremper complètement, pour signifier l'adhésion morale à la cause du Christ, décédé il y a près de deux mille ans – pour le monde, Sa résurrection réelle ou supposée ne change rien à l'histoire puisqu'il ne Le voit pas –, voilà qui est on ne peut plus intrigant pour le commun des gens. Même un pacte de sang n'est pas si terrifiant à regarder puisqu'il est souvent réciproque entre les concernés. Mais se faire tremper par une personne – le baptiseur – est un acte très courageux qui traduit le sérieux de la personne baptisée. C'est pourquoi le monde est choqué.

- ## Comment s'effectue le baptême d'eau ?

> *«Ignorez-vous que nous tous qui avons été baptisés en Christ-Jésus,* **c'est en Sa mort que nous avons été baptisés** *? Nous avons donc été* **ensevelis avec Lui dans la mort par le baptême** *[...]. En effet, si nous sommes devenus* **une même plante avec Lui par la conformité à Sa mort,** *nous le serons aussi par la conformité à Sa résurrection»* **Romains 6:3-5**.

Le baptême rappelle au monde l'adhésion du disciple à la mort et à la résurrection de Jésus-Christ. Comment Jésus est-Il mort ? Il fut crucifié, déclaré mort, enseveli puis ressuscité le troisième jour. Le baptême d'eau doit se conformer à la mort par ensevelissement et à Sa résurrection par sortie du tombeau. De la même manière qu'on n'ensevelit pas le corps d'une personne à moitié, par exemple le corps sans la tête ou la tête sans les pieds, il est convenable que le baptême se fasse par immersion du disciple dans l'eau, pour être sûr que l'eau l'a recouvert entièrement – ensevelissement. La sortie des eaux du baptême, après immersion, illustre la résurrection du Christ ou sortie du tombeau, c'est-à-dire que le disciple marche désormais en nouveauté de vie, le passé étant enseveli dans les eaux du baptême.

Dans la pratique, il faut qu'il y ait de l'eau et un baptiseur. Celui qui baptise doit être un disciple baptisé car, dans l'Ecriture, nul n'a baptisé au nom du Seigneur sans avoir été un disciple baptisé. Sur la question du point d'eau, de nombreuses églises ont des adaptations spécifiques selon les circonstances et des points de doctrine reflétant la position des pères fondateurs. Ce qu'il faut retenir est que tout disciple doit être baptisé d'eau au nom du Seigneur Jésus-Christ de Nazareth.

Le Seigneur n'apprécie pas que des points de doctrines particuliers divisent Ses disciples comme c'est le cas dans de nombreuses églises aujourd'hui. Ces divergences ont même amené des disciples à reprendre leur baptême d'eau une ou plusieurs fois. D'où une extrême confusion que le chapitre suivant tente d'évacuer en espérant que les disciples du Seigneur sauront se mettre à l'abri de tels égarements.

- **Est-il nécessaire de se faire rebaptiser d'eau ?**

> *«Il (Paul) rencontra quelques disciples et leur dit : Avez-vous reçu l'Esprit Saint quand vous avez cru ? Ils lui répondirent : Nous n'avons même pas entendu dire qu'il y ait un Esprit Saint. Il dit : Quel baptême avez-vous donc reçu ? Ils répondirent : Le baptême de Jean.[...] Sur ces paroles, ils furent baptisés au nom du Seigneur Jésus»* **Actes 19:1-5**.

Avez-vous reçu l'Esprit Saint quand vous avez cru ? C'est par cette question que l'on devrait interroger l'engagement d'un disciple si l'on a des doutes raisonnables sur sa foi – et non son baptême. Il existe une tendance, assez courante dans les églises, à l'égard de quiconque, nouveau venu, vient y adorer avec régularité. Cette tendance consiste à lui demander quel type de baptême il a reçu, comme s'il existait une police des baptêmes dans l'église envers les nouveaux arrivants. Nous avons indiqué, plus haut, que de nombreuses églises avaient des points de doctrine spécifiques dans la manière de baptiser d'eau. Eriger une de ces spécificités en doctrine forcera le baptême à dépasser le symbole de la mort / résurrection de Jésus, et traduira plutôt l'adhésion du disciple à un système religieux particulier. Ainsi, chaque système a érigé un protocole précis qui le rassure sur le baptême du disciple. Et lorsque ses responsables ont des doutes sur un baptême obtenu ailleurs, ou lorsqu'ils ont suffisamment semé le doute dans l'esprit du disciple, ce dernier craque et se fait baptiser de nouveau.

De manière précise, deux polémiques sont régulièrement évoquées pour douter du baptême d'un disciple : (i) selon qu'on l'a baptisé *«au nom du Père, du Fils et du Saint-Esprit»* (**Matthieu 28:19**) ou plutôt *«au nom de Jésus-Christ»* (**Actes 2:38**) et (ii) parce que l'apôtre Paul rebaptisa des disciples d'Ephèse qui avaient reçu le baptême de Jean (**Actes 19:3-5**).

Ces deux polémiques divisent suffisamment les disciples de nos jours. La première polémique a divisé les chrétiens en trinitaires (évangéliques) et unitaires (certains apostoliques). La seconde polémique vient de l'absence de flexibilité de ceux qui s'abandonnent à des visions en s'accrochant à un schéma religieux.

Nous examinerons, dans ce chapitre, l'opportunité d'une reprise du baptême à la lumière de l'acte de Paul (**Actes 19:3-5**), tandis que la polémique entre trinitaires et unitaires est examinée dans le chapitre suivant.

L'une des deux conditions suivantes doit être présente pour qu'un baptême soit repris, encore qu'il faut de la vigilance : (i) en premier lieu, il faut que le premier baptême ait été reçu sans être précédé d'un engagement sérieux (de cœur) envers le Christ, peu importe au nom de qui on a été baptisé (ii) en second lieu, critère majeur, bien que difficile à tester, il faut que le disciple n'ait pas reçu le Saint-Esprit quand il a cru. Le premier cas nous rappelle particulièrement des personnes qui se baptisent pour imiter leurs proches par peur d'être largué. Au nombre de ceux-là, il y a aussi bien des païens déguisés que de disciples sincères, mais hésitants, car craignant de s'embarquer dans une aventure incertaine.

La vigilance est nécessaire. Il ne faut pas se précipiter dans un second baptême si on n'est pas rassuré. C'est le lieu d'interpeler ceux qui polémiquent sur les mots afin qu'ils répondent aux questions suivantes : De qui était le baptême de Jésus ? De Jean ou de Jésus Lui-même ? Au nom de qui Jésus fut-Il baptisé ? Pour la repentance ou au nom de Jésus ?

Le baptême de Jésus était-il invalide parce que l'ayant reçu de Jean ? Ce sont les questions que l'Esprit mit dans mon cœur lorsque je fus confronté à cette polémique pour la première fois. Il est manifeste que Jésus reçut le baptême de Jean et qu'à l'occasion, Jean ne prononça ni le nom de Jésus, car ignorant encore que Celui qu'il attendait s'appellerait Jésus – il ne le sut qu'après la descente du Saint-Esprit, sous la forme d'une colombe, sur la personne de Jésus –, ni au nom du Père du Fils et du Saint-Esprit.

De l'examen des saintes Ecritures, il ressort clairement que la viabilité d'un baptême d'eau ne repose, ni sur les mots du baptiseur, ni sur la gestuelle, mais uniquement sur la réception du don du Saint-Esprit. Car la réalité spirituelle de la nouvelle naissance, c'est uniquement la présence du Saint-Esprit dans le disciple. Car «*Si quelqu'un n'a pas l'Esprit de Christ, il ne lui appartient pas*» (**Romains 8:9**). «*Pierre leur dit : Repentez-vous, et que chacun de vous soit baptisé au nom de Jésus–Christ, pour le pardon de vos péchés ; **et vous recevrez le don du Saint-Esprit***» (**Actes 2:38**).

Toutes les polémiques doivent cesser et les disciples se focaliser sur l'essentiel, à savoir : le disciple a-t-il reçu le Saint-Esprit lorsqu'il a cru ? C'est par cette question que l'apôtre Paul engagea le dialogue qui le poussa à prendre la décision de rebaptiser les disciples d'Ephèse (**Actes 19:2-5**). Ces derniers, baptisés selon Jean, n'avaient jamais entendu parler du Saint-Esprit. Donc ils ne L'avaient pas reçu. Après les avoir rebaptisés conformément à la mort et à la résurrection de Jésus, Paul leur imposa les mains et ils furent baptisés du Saint-Esprit. L'évangile du salut différait du message de Jean-Baptiste car ce dernier prêchait le baptême de repentance, en invitant les gens à croire, non pas en lui, mais à Celui qui venait après lui. Jean baptisait donc pour la repentance des mauvaises œuvres, tandis que Jésus baptisait pour la vie éternelle. Jean ne donnait pas la vie, mais préparait le disciple à recevoir Celui qui avait le pouvoir d'en donner, Jésus-Christ.

Cependant le baptême de Jésus, par la main de Jean, était valable parce que le Saint-Esprit S'était manifesté à cette occasion, comme une colombe (**Matthieu 3:16**). Tout baptême accompagné de la manifestation du Saint-Esprit est valable, quels que soient les mots du baptiseur et les circonstances (cours d'eau, piscine, baptistère, etc.). Tout comme le baptême de Corneille fut valable malgré qu'il intervînt après le baptême du Saint-Esprit, contrairement aux usages qui positionnent le baptême d'eau avant celui de l'Esprit.

En définitive, quiconque a reçu le Saint-Esprit après son baptême d'eau, n'a plus besoin de se faire baptiser. S'il se baptise de nouveau, ce n'est plus la conformité à la mort / résurrection de Jésus qu'il vise, mais l'adhésion à un système religieux. Le disciple ne doit pas céder à ce caprice. Quiconque insiste à reprendre un baptême, en dehors du critère essentiel, veut dominer sur le disciple, le rebaptême n'étant qu'un prétexte. Et ces dominateurs sont, hélas, présents dans les églises, imitant les Juifs qui, au premier siècle chrétien, obligeaient les païens convertis à se circoncire. Cette exigence de circoncision, malgré son apparence de vertu, créa une polémique entre l'apôtre Paul (Juif opposé) et plusieurs chrétiens (Juifs judaïsant). Cette opposition provoqua la conférence de Jérusalem où les judaïsants furent recadrés. Jésus-Christ ne baptisera jamais du Saint-Esprit celui dont Il n'approuve pas le baptême d'eau. Au contraire, Il résistera pour contribuer à la normalisation de la situation chez le disciple concerné.

> La question que l'on doit poser à quiconque se présente dans l'église n'est donc pas, *«Quel type de baptême d'eau avez-vous reçu ? Par immersion ou autre ? Au nom de Jésus ou autre ?»*. Mais plutôt : ***«Avez-vous reçu le Saint-Esprit lorsque vous avez cru ?»***. La première question vise l'asservissement du disciple au système religieux en vigueur. Il doit y résister et ne pas céder au chantage. La seconde vise l'édification. Il faut y répondre par l'affirmative ou la négative selon la vérité. Le baptême d'eau est un signe pour le

> monde tandis que le baptême du Saint-Esprit est un signe pour les chrétiens. On ne saurait donc épiloguer dans l'église sur une affaire qui concerne le monde.

- **Dieu unitaire ou Dieu trinitaire ?**

Il est difficile de dire si la polémique entre 'Dieu unitaire' et 'Dieu trinitaire' tire son origine des deux formes de baptême d'eau chez les disciples du Christ, ou l'inverse. Nous notons que cette notion divise les disciples à tel point que des assemblées de Dieu ont fait scission à cause de cela. Déjà, on relèvera que cette polémique n'existait pas chez les disciples du premier siècle chrétien. A nous de conclure que le diable qui rode comme un lion rugissant, ne manquera pas d'amplifier la division en encourageant les disciples de Jésus à s'étriper, pour ne pas dire plus.

Le disciple ne doit pas faire dire aux Ecritures, ce qu'elles n'ont pas dit, ni leur enlever ce qu'elles affirment explicitement. Quiconque sort du schéma des saintes Ecritures, dans un sens comme dans l'autre, s'abandonne à des visions. Pourquoi des gens s'abandonnent-ils à des visions ? C'est parce qu'ils veulent se donner de l'importance pour masquer une réalité peu recommandable. Dieu ne veut pas qu'on en rajoute à Sa parole, ni qu'on l'écrème.

C'est le Seigneur Jésus-Christ, Lui-même, qui introduisit la notion de Fils de Dieu dans le cadre de Sa mission. C'est Lui qui invoqua l'Esprit de Dieu, en des termes plus précis que l'Ancien Testament. Il n'appartient à aucun disciple de manipuler ces expressions en leur retirant toute substance. Ces expressions sont nécessaires pour comprendre le plan de Dieu dans le salut de l'homme. Rabaisser la valeur spirituelle de l'évangile devant les actes des apôtres relève d'un esprit ténébreux. Mieux, les apôtres n'ont pas évacué les notions de Père, de Fils, de Saint-Esprit dans leurs épîtres. L'évangile est comme une loi fondamentale et les épîtres, des textes d'application.

Voici la réponse de l'Esprit à ceux qui polémiquent en s'abandonnant aux visions et aux disputes de mots : **Dieu est Trinitaire et Unitaire**. Nous ne pouvons pas enfermer Dieu dans nos schémas rationnels du genre : «Si c'est Trois, alors ça ne peut pas être Un». Celui qui évoque Dieu comme un Dieu Unitaire fait bien. Celui qui L'évoque comme un Dieu Trinitaire fait aussi bien. Il n'y a aucune différence. Ceux qui discutent des mots, poursuivent des objectifs égoïstes inavoués. Et ils sont présents dans l'église de Jésus-Christ, à leur propre malheur. Celui qui dit que Dieu est unique dit vrai. L'Ecriture le soutient car *Il n'y a qu'un seul Dieu*. Celui qui dit que Dieu s'exprime tantôt par le Père, tantôt par le Fils et tantôt par le Saint-Esprit, dit aussi vrai. L'Ecriture le soutient aussi. Il n'y a pas de polémique. Jésus a dit, Lui-même, que Son Père et Lui étaient un, sous-entendu, un même Esprit, une même pensée, une même condition (**Philippiens 2:6**). Plus loin, l'Ecriture dit que Dieu est le chef de Christ, Christ celui de l'homme et l'homme celui de la femme (**1 Corinthiens 11:3**). Plus loin, Jésus dit qu'Il est dans le Père et le Père en Lui (**Jean 14:11 ; 17:21**). Bien avant, il est dit que l'homme et la femme deviendront une seule chair après le mariage (**Matthieu 19:5**). Cela n'enlève rien au fait que l'homme et l'épouse aient des personnalités différentes confirmées par l'état civil. En disant de prier le Père en Son nom (**Jean 16:23**), Jésus sait, le monde entier également, qu'on ne peut jamais supplier Paul de la part de Paul. On s'adresse toujours à une personne de la part de quelqu'un d'autre. *Il y a un seul Dieu, un seul Seigneur, un seul Esprit*…des expressions reprises dans un même paragraphe des Ecritures (**Ephésiens 4:4-6**). Il n'appartient pas aux disciples, par un quelconque culte des anges, d'épiloguer sur les mystères à l'intérieur du Dieu qui s'exprime, au début des Ecritures, à la première personne du pluriel (**Genèse 1:26**). Dieu est Unitaire et Trinitaire à la fois. Cela aide à la compréhension des saintes Ecritures par des hommes que nous sommes, à l'intelligence limitée dans un monde matériellement limité. Supprimer les notions de Père, de Fils et de Saint-Esprit, et les remplacer par un Jésus exclusif, comme entendu de certains disciples, c'est détruire toute la pédagogie de Dieu sur l'autorité et l'obéissance à l'autorité. En effet, pour justifier Son action auprès de Ses contemporains, Jésus précisa qu'Il ne faisait pas Sa volonté propre, mais celle de Son Père qui L'avait envoyé et qui avait autorité sur Lui : *Car le Père est plus grand que Moi* (**Jean 14:28**). Dieu ne veut pas de polémique sur la question de savoir s'Il est Unitaire ou Trinitaire. Ceux qui ont le Saint-Esprit de Dieu en eux ne polémiquent pas car ils savent toutes choses et ont la paix du Christ en eux. Dieu est Unitaire et Trinitaire, n'en déplaise aux esprits rationnels. Dieu ne déteste pas la rationalité, c'est une science humaine, ni plus ni moins, utile à la compréhension des structures et de leur logique, entre autres.

Recevoir le don du Saint-Esprit

- Qui peut recevoir le don du Saint-Esprit ?

> *«Pierre leur dit : Repentez-vous, et que chacun de vous soit baptisé au nom de Jésus–Christ, pour le pardon de vos péchés ;* ***et vous recevrez le don du Saint-Esprit»*** **Actes 2:38**.

> *«Si quelqu'un n'a pas l'Esprit de Christ, il ne Lui appartient pas»* **Romains 8:9**.

Le Saint-Esprit est une promesse de Dieu, depuis le temps des prophètes, lorsque les israélites éprouvèrent des difficultés à honorer Ses commandements donnés par Moïse. L'homme ayant des difficultés à honorer les commandements écrits sur des tables de pierre, Dieu envisagea d'écrire ces commandements sur des tables de chair, dans le cœur même de l'homme, afin de S'assurer de sa fidélité éternelle. L'Esprit Saint est donc cette promesse. Le prophète déclara :

> *«Je vous donnerai un cœur nouveau et* ***Je mettrai en vous un esprit nouveau ;*** *J'ôterai de votre chair le cœur de pierre et Je vous donnerai un cœur de chair.* ***Je mettrai mon Esprit en vous*** *et Je ferai que vous suiviez Mes prescriptions, et que vous*

observiez et pratiquiez Mes ordonnances» (**Ezéchiel 36:26-27**).

*«Or voici l'alliance que J'établirai avec la maison d'Israël, après ces jours-là, dit le Seigneur : **Je mettrai Mes lois dans leur intelligence, Je les inscrirai aussi dans leur cœur** ; Je serai leur Dieu, et ils seront Mon peuple. Personne n'enseignera plus son concitoyen, ni personne son frère, en disant : Connais le Seigneur ! En effet, tous Me connaîtront, depuis le plus petit jusqu'au plus grand d'entre eux»* (**Jérémie 31:33-34 / Hébreux 8:10-11**).

*«Après cela, **Je répandrai mon Esprit sur toute chair** ; Vos fils et vos filles prophétiseront, vos anciens auront des songes, et vos jeunes gens des visions»* (**Joël 2:28 (3–1)**).

Il est important de signaler que le déversement du Saint-Esprit a été initié par le Seigneur Jésus-Christ qui est le prophète promis par l'Eternel Dieu à Moïse, lorsque ce dernier se plaignait de la charge de travail bien trop lourde pour ses épaules, selon qu'il est écrit :

*«L'Éternel, ton Dieu, te suscitera du milieu de toi, d'entre tes frères, **un prophète comme moi** : vous l'écouterez ! C'est là tout ce que tu as demandé à l'Éternel, ton Dieu, à Horeb, le jour du rassemblement, quand tu disais : Que je ne continue pas à entendre la voix de l'Éternel, mon Dieu, et que je ne voie plus ce grand feu, afin de ne pas mourir. L'Éternel me dit : Ce qu'ils ont dit est bien. Je leur susciterai du milieu de leurs frères **un prophète comme toi**, Je mettrai Mes paroles dans sa bouche, et il leur dira tout ce que Je lui commanderai»* (**Deutéronome 18:15-18**).

C'est ce prophète que la plupart des Juifs attendent encore aujourd'hui. Mais pour les disciples, Christ est déjà venu pour sauver ceux qu'Il agrée. Il reviendra une seconde fois pour juger le monde. Il en profitera pour Se rappeler au bon souvenir de Ses frères biologiques (**Zacharie 12:10**).

La solution que Dieu apporta à l'homme, irrémédiablement pécheur et disposé au mal dès sa jeunesse (**Genèse 8:21**), fut d'inscrire Ses commandements, non plus sur des tables de pierre – dont le papier est le lointain symbole –, mais dans le cœur même de l'homme. La parole de Dieu dit que les prophètes se consumaient pour savoir quand ces événements se produiraient car, pensaient-ils, l'homme ayant en lui l'Esprit de Dieu, serait extrêmement privilégié, un être nouveau. Et ils avaient raison. Celui qui a le Saint-Esprit en lui, est une nouvelle créature, il est passé de la mort à la vie. Non seulement les prophètes de l'Ancien Testament ont adoré faire partie de cette époque de la grâce, celle d'aujourd'hui, mais l'Ecriture dit aussi que même les anges de Dieu sont dans l'admiration et veulent y plonger leurs regards selon qu'il est écrit :

> «*Les prophètes, qui ont prophétisé au sujet de la grâce qui vous était destinée ont fait de ce salut l'objet de leurs recherches et de leurs investigations. **Ils se sont appliqués à découvrir à quelle époque et à quelles circonstances se rapportaient les indications de l'Esprit de Christ qui était en eux et qui, d'avance, attestait les souffrances de Christ et la gloire qui s'ensuivrait.** Il leur fut révélé que ce n'était pas pour eux-mêmes, mais pour vous, qu'ils étaient ministres de ces choses. Maintenant, elles vous ont été annoncées par ceux qui vous ont prêché l'Évangile par le Saint-Esprit envoyé du ciel, **et les anges désirent y plonger leurs regards**» (**1 Pierre 1:10-12**).

Le Saint-Esprit est donc une promesse du Seigneur à quiconque croit en Lui, depuis l'époque des prophètes jusqu'à Jean-Baptiste. Le disciple de Jésus-Christ a droit au Saint-Esprit survenant et demeurant en lui. Le

Saint-Esprit n'est pas seulement auprès de lui, Il demeure désormais dans le disciple qui peut se considérer comme le temple du Saint-Esprit selon qu'il est écrit :

> *«Ne savez-vous pas ceci : **votre corps est le temple du Saint–Esprit** qui est en vous et que vous avez reçu de Dieu, et vous n'êtes pas à vous-mêmes ?»* (**1 Corinthiens 6:19**).

Tout disciple de Jésus-Christ doit recevoir le don du Saint-Esprit comme sceau de son appartenance à Christ.

- Comment reçoit-on le baptême/don du Saint-Esprit ?

> *«Moi, je vous baptise dans l'eau, en vue de la repentance, mais Celui qui vient après moi est plus puissant que moi, et je ne mérite pas de porter Ses sandales. **Lui vous baptisera d'Esprit Saint** et de feu»* **Matthieu 3:11**.

> *«Lorsque le jour de la Pentecôte arriva, ils étaient tous ensemble dans le même lieu. Tout à coup, il vint du ciel un bruit comme celui d'un souffle violent qui remplit toute la maison où ils étaient assis. Des langues qui semblaient de feu et qui se séparaient les unes des autres leur apparurent ; elles se posèrent sur chacun d'eux. **Ils furent tous remplis d'Esprit Saint et se mirent à parler en d'autres langues, selon que l'Esprit leur donnait de s'exprimer»** **Actes 2:1-4**.

> *«Pierre leur dit : Repentez-vous, et que chacun de vous soit baptisé au nom de Jésus-Christ, pour le pardon de vos péchés ; **et vous recevrez le don du Saint-Esprit»** **Actes 2:38**.

Le premier dénominateur commun à tous les passages ci-dessus est que si les disciples baptisent d'eau, le Christ seul baptise du Saint-Esprit. Le second dénominateur commun est que si l'eau, le baptiseur et le disciple sont systématiquement présents lors du baptême d'eau, aucune présence particulière n'est exigée lors du baptême du Saint-Esprit. La troisième remarque est que lors du baptême du Saint-Esprit, des manifestations extraordinaires peuvent se produire sans que l'on puisse imposer l'une d'elles, en particulier, comme devant être systématiquement présente pour attester de la réalité du baptême du Saint-Esprit (*selon que l'Esprit leur donnait de s'exprimer*). Dans le cas de la Pentecôte, les disciples reçurent plusieurs types de langues, pas une langue particulière.

> «*Alors Pierre et Jean leur imposèrent les mains, et ils reçurent l'Esprit Saint*» (**Actes 8:17**).

> «*Paul leur imposa les mains, et le Saint–Esprit vint sur eux ; ils se mirent à parler en langues et à prophétiser*» (**Actes 19:6**).

Ces deux derniers passages des saintes Ecritures attestent que le Saint-Esprit peut être reçu par l'imposition des mains des apôtres de Dieu – ce qui n'était pas le cas à la Pentecôte. Certains peuvent traduire cette expérience en parlant en langues ou en prophétisant. Celui qui a reçu le Saint-Esprit sait qu'il L'a bien reçu en raison de la manifestation extraordinaire que le Seigneur lui aura révélée.

> «*Et Dieu a établi dans l'Église premièrement des apôtres, deuxièmement des prophètes, troisièmement des docteurs ; ensuite il y a le don des miracles, puis les dons de guérir, de secourir, de gouverner, de parler diverses sortes de langues. **Tous sont-ils apôtres ? Tous sont-ils prophètes ? Tous sont-ils docteurs ? Tous font-ils des miracles ? Tous ont-ils des dons de guérisons ? Tous parlent-ils en langues ? Tous interprètent-ils ?**»* (**1 Corinthiens 12:28-30**).

Le Seigneur S'oppose à ce que Ses disciples se divisent sur les dons particuliers qu'ils doivent OBLIGATOIREMENT recevoir lors du baptême du Saint-Esprit. Au terme des questions posées au verset 30 ci-dessus, on comprend que tout disciple baptisé du Saint-Esprit peut être (i) apôtre sans être prophète (ii) prophète sans être docteur (iii) docteur sans faire des miracles (iv) faiseur de miracles sans guérir (v) guérisseur sans parler en langues (vi) parleur en langues sans les interpréter (vii) interpréteur de langues sans gouverner (viii) gouverneur sans être secouriste. Quiconque soutient le contraire en insistant sur les signes spécifiques devant OBLIGATOIREMENT être présents s'abandonne à des visions et est enflé d'orgueil. Il n'a pas à répandre des informations sous prétexte que de grands serviteurs de Dieu les soutiennent. Dieu ne fait acception de personne et n'agrée pas le contraire de ce qu'Il dit explicitement dans Sa sainte parole.

- A quoi servent les dons du Saint-Esprit reçus par les disciples ?

> *«Or, à chacun la manifestation de l'Esprit est donnée pour l'utilité commune. En effet, à l'un est donnée par l'Esprit une parole de sagesse ; à un autre, une parole de connaissance, selon le même Esprit ; à un autre, la foi, par le même Esprit ; à un autre, des dons de guérisons, par le même Esprit ; à un autre, le don d'opérer des miracles ; à un autre, la prophétie ; à un autre, le discernement des esprits ; à un autre, diverses sortes de langues ; à un autre, l'interprétation des langues. Un seul et même Esprit opère toutes ces choses, **les distribuant à chacun en particulier comme Il veut»*** **1 Corinthiens 12:7-11.**

1 Corinthiens 12 est manifestement le chapitre le plus explicite sur la diversification, l'objectif et la signification des dons de l'Esprit que reçoivent les disciples. Ils visent l'utilité commune. Ils sont distribués chez les disciples, à chacun en particulier comme le Saint-Esprit, Lui, le veut, et seulement Lui, sans suivre une seule orientation, mais plusieurs (prophétie, apostolat, évangélisation, langues, interprétation des langues, guérisons, miracles, etc.). Il semble indiqué que, pour que les membres aient soin les uns des autres, les dons distribués aux disciples devraient être différents d'un disciple à l'autre. Ainsi, le disciple prophétisant bénéficiera du don de guérison du disciple soigneur.

La dépendance mutuelle des disciples, au sujet des dons de l'Esprit, est un autre reflet de l'humilité du disciple, afin qu'il ne cherche pas à s'élever au-dessus des autres, et qu'il aspire aux dernières places, celles du petit car *celui qui s'élèvera, sera rabaissé et celui qui se rabaissera, sera élevé.*

Les dons ne servent ni à s'imposer dans l'église, ni à monnayer des services. Ils servent à l'édification de tous dans l'humilité.

- Le baptême du Saint-Esprit ne dispense pas du baptême d'eau

> *«Comme Pierre prononçait encore ces mots, le Saint–Esprit descendit sur tous ceux qui écoutaient la parole. Tous les croyants circoncis qui étaient venus avec Pierre furent étonnés de ce que le don du Saint–Esprit soit aussi répandu sur les païens. Car ils les entendaient parler en langues et exalter Dieu. Alors Pierre reprit :* **Peut-on refuser l'eau du baptême à ceux qui ont reçu le Saint–Esprit aussi bien que nous** *? Il ordonna de les baptiser au nom de Jésus–Christ»* **Actes 10:44-48.**

Ce passage des saintes Ecritures est fondamental car c'était la première fois que des païens, descendants non biologiques d'Abraham, d'Isaac et de Jacob, recevaient le Saint-Esprit, sans avoir été préalablement baptisés d'eau comme les Juifs. Fallait-il les dispenser du baptême d'eau parce qu'ils n'étaient pas Juifs ? La réponse de l'apôtre Pierre répond à la question : Nul ne peut donc être exempt du baptême d'eau, une fois qu'il a cru et reçu le baptême du Saint-Esprit.

Ainsi donc, quiconque a reçu le baptême du Saint-Esprit, avant le baptême d'eau, doit se faire baptiser d'eau. En revanche, quiconque a reçu le baptême du Saint-Esprit, après avoir été baptisé d'eau, ne doit plus se faire baptiser d'eau une seconde fois. Jamais.

- **Que le disciple s'assure que le Saint-Esprit demeure en lui**

«Dieu donne l'Esprit sans mesure» **Jean 3:34**.

«Si donc, vous qui êtes mauvais, vous savez donner de bonnes choses à vos enfants, à combien plus forte raison le Père céleste donnera-t-Il l'Esprit Saint à ceux qui Le Lui demandent» **Luc 11:13**.

Ne nous y trompons pas, celui qui n'a pas le Saint-Esprit, l'Esprit du Christ, ne Lui appartient pas (**Romains 8:9**). La bonne nouvelle, pour tout chrétien, est que le Saint-Esprit a été gratuitement promis à ceux qui Le demanderont au Seigneur. Le chrétien doit donc s'assurer qu'il possède bien le Saint-Esprit en lui. L'activité du Saint-Esprit chez le chrétien est réelle et détectable par ses soins. Le chrétien ne doit pas avoir de doute sur la présence et l'activité du Saint-Esprit en lui. En cas de doute, il doit demander une confirmation au Seigneur, mais discrètement – comme expliqué plus loin. Le Seigneur ne sera pas offensé par sa requête.

La réalité est qu'il existe des gens, se disant chrétiens, qui n'ont pas le Saint-Esprit en eux (**Actes 19:2-6**). Il est difficile d'identifier de tels chrétiens car l'Ecriture précise que Jésus-Christ connaît ceux qui Lui appartiennent (**2 Timothée 2:19**). Tout autre enseignement est inapproprié. Le Seigneur n'a confié à personne le soin de faire la police pour savoir qui possédait le Saint-Esprit et qui ne Le possédait pas. Si une telle police venait à être mise en place, cette dérive mènerait l'Eglise à la confusion. Le diable pourrait s'en servir pour détruire de nombreux chrétiens véritables, en les faisant passer pour des païens alors qu'ils sont saints. Si les pharisiens ont dit de Jésus qu'Il servait le diable (**Matthieu 12:24**), à plus forte raison les partisans du diable, présents dans les églises et déguisés en anges de lumières, ne le diront-ils pas des vrais chrétiens pour semer le trouble ? Selon **Actes 19:2-6** rappelé ci-dessus, l'apôtre Paul agit avec précaution en demandant à ses auditeurs s'ils *avaient reçu le Saint-Esprit lorsqu'Ils avaient cru*. Jamais il n'a péremptoirement déclaré que ces personnes n'avaient pas le Saint-Esprit. C'est après une véritable investigation, aidé par les mêmes personnes, qu'il en vînt à la conclusion qu'ils n'avaient pas reçu le Saint-Esprit. Il résolut le problème immédiatement.

Précision. Lorsque l'apôtre Jean demande *d'éprouver les esprits pour savoir s'ils sont de Dieu* (**1 Jean 4:1**), il invite à la prudence par rapport à ceux qui tiennent des propos non fondés ou erronés, tout en prétendant être chrétiens, dans le seul but de flouer les brebis du Seigneur. Des loups déguisés en brebis ont plusieurs fois pillé la bergerie du Seigneur dans l'histoire de l'Eglise, du premier siècle à nos jours. Une certaine vigilance aurait pu permettre d'éviter quantité de ces drames. Par exemple, au moment de l'avertissement de Jean, il existait des prétendus chrétiens qui soutenaient que le Christ n'était jamais venu en chair. C'est pourquoi, à la suite du verset appelant à la vigilance, l'apôtre Jean proclame :

> *«Reconnaissez à ceci l'Esprit de Dieu : Tout esprit qui confesse **Jésus-Christ venu en chair** est de Dieu ; et tout esprit qui ne confesse pas Jésus (venu en chair), n'est pas de Dieu, c'est celui de l'antéchrist, dont vous avez appris qu'il vient, et qui maintenant est déjà dans le monde »* (**1 Jean 4:2-3**).

Par cet avertissement, l'apôtre Jean empêchait les adeptes de cette fausse doctrine de la répandre dans l'Eglise. On peut dire que l'avertissement de l'apôtre a porté ses fruits car très peu de gens professent cette hérésie aujourd'hui.

Encore une fois, il est de l'intérêt du chrétien de s'assurer qu'il possède bien le Saint-Esprit, l'Esprit de vérité, l'Esprit du Christ au-dedans de lui. Avoir le Saint-Esprit en soi est le début d'une vie chrétienne prospère.

Faute de quoi, cette personne s'abuse elle-même. Qu'elle ne se dise pas que sa participation aux activités de l'Eglise lui attribuera l'épithète de chrétien devant le Seigneur. On est chrétien devant le Seigneur et non devant les hommes et les femmes. On ne flatte pas le Seigneur. On ne L'achète pas avec les activités – sacrifices. Si un chrétien, dans le doute, pose la question au Seigneur, le Seigneur l'éclairera car Il aime la vérité. Sans le Saint-Esprit, aucun homme n'a d'héritage dans le royaume des cieux. Toute entreprise de vérification de la présence du Saint-Esprit en soi doit être DISCRETE. Nous insistons sur la discrétion. Le chrétien ne doit dévoiler son doute à personne, ni aux autres chrétiens de l'Eglise, ni même aux pasteurs car il ne sait pas qui est réellement qui. Qu'il porte cette question discrètement devant le Seigneur, et Dieu qui voit dans le secret l'éclairera. Le chrétien n'aura aucun doute sur la réponse du Seigneur. Le Seigneur y veillera. Une vérification rapide consiste à prier le Seigneur de nous révéler comment Lui nous voit. Il donnera une image de nous-mêmes telle que Lui la voit. J'ai connu des chrétiens qui sont passés par ce processus. Croyez-moi, les résultats furent édifiants sur les uns et les autres. Surtout, il ne faut pas paniquer si la réponse semble négative. Il n'est pas interdit que des doutes fassent irruption dans la vie d'un chrétien. Le prophète Jean-Baptiste eut des doutes. Même si son exemple n'est pas flatteur, cela indique qu'à un moment donné, le doute peut apparaître. L'apôtre Paul aussi eut des doutes (**2 Corinthiens 1:8-9**). Pas de panique, le Seigneur répondra. Il répondit à Jean-Baptiste. Il rassura Paul (**V 9**). Il répondra aussi à celui qui a des doutes. Il vaut mieux partir du bon pied, car on ne le regrettera pas. Si jamais le chrétien se rend compte qu'il n'a pas le Saint-Esprit, premièrement qu'il loue le Seigneur de lui avoir révélé son véritable état spirituel. Qu'il se repente devant le Seigneur – voire publiquement si le péché dans lequel il est empêtré mérite une repentance devant les hommes. Qu'il demande le Saint-Esprit sincèrement à Dieu qui exaucera sa requête. Le Seigneur sait en ce moment qu'il a affaire à un pécheur définitivement repenti. Qu'il demande sans douter car le Christ désire sincèrement donner Son Esprit aux hommes et femmes qu'Il est venu sauver. Le Seigneur ne spéculera jamais sur cette question. Il donnera Son Esprit à quiconque Le Lui demande sincèrement – *à combien plus forte raison le Père céleste **donnera-t-Il l'Esprit Saint à ceux qui Le Lui*** *demandent*. Le but de cet avertissement n'est pas d'effrayer, mais d'édifier pour le bien du chrétien.

- Point récapitulatif

«Comme Pierre prononçait encore ces mots, le Saint–Esprit descendit sur tous ceux qui écoutaient la parole» (**Actes 10:44**). Le baptême du Saint-Esprit est la réponse qui atteste que Jésus-Christ a définitivement agréé le disciple qui vient à Lui. C'est une réponse qui fait écho au cri du cœur du disciple. Le cœur qui croit sincèrement reçoit le Saint-Esprit.

Le baptême du Saint-Esprit parachève le processus de conversion / nouvelle naissance dans le Seigneur. La personne baptisée d'eau et d'Esprit est entièrement constituée comme enfant de Dieu, fils de Dieu, chrétien ou disciple du Christ. Il est parfaitement outillé pour croître dans la connaissance de Dieu et la sanctification. Il est désormais le temple, l'habitation du Saint-Esprit, membre de la famille de Dieu sur la terre et au ciel. Il possède en lui l'onction du Saint-Esprit pour discerner toutes choses, selon ce que le Seigneur lui permettra de voir et d'entendre. Il n'a pas à s'inquiéter devant quiconque pourrait remettre en doute sa foi. Il ne doit pas se laisser intimider, ni accepter un nouveau baptême d'eau. Le baptême d'eau symbolise la mort et la résurrection du Christ. Christ n'étant pas mort et ressuscité plusieurs fois, le disciple du Christ, parfaitement constitué comme ci-dessus, ne saurait accepter que, par quelque doctrine ou culte des anges, l'on remette en cause son baptême. Quiconque agit ainsi à son égard s'abandonne à des visions, est enflé d'orgueil. En revanche, bien que le baptême de l'Esprit ait lieu une première fois, il n'est pas exclu que le Seigneur renouvelle l'expérience à diverses occasions de sa croissance spirituelle. Le baptême d'eau est inaugural tandis que le baptême de l'Esprit est un fleuve d'eau vive qui coule continuellement (**Jean 7:38-39**).

Sans le baptême du Saint-Esprit, il n'est pas conseillé d'entamer une activité sérieuse dans l'église du Seigneur. Seul le Saint-Esprit constitue le sceau pour entamer une activité quelconque dans l'église. L'église n'est pas une association du monde. C'est le corps du Christ. Dans une association du monde, un diplôme qualifiant ferait l'affaire. Dans l'église de Jésus-Christ, le préalable fondamental pour être éligible à la moindre activité, est le don du Saint-Esprit. Après la résurrection, Jésus avait exigé de Ses disciples d'attendre le Saint-Esprit promis avant toute mission de témoignage de l'évangile selon qu'il est écrit :

> *«Comme Il (Christ) Se trouvait avec eux,* ***Il leur recommanda de ne pas s'éloigner de Jérusalem, mais d'attendre la promesse du Père*** *dont, leur dit-Il, vous M'avez entendu parler ; [...] Mais vous recevrez une puissance, celle du Saint–Esprit survenant sur vous, et vous serez Mes témoins à Jérusalem, dans toute la Judée, dans la Samarie et jusqu'aux extrémités de la terre»* (**Actes 1:4,8**).

Recevoir le don du Saint-Esprit ne signifie pas que le disciple est déjà affermi dans la connaissance. Celui qui vient de Le recevoir a encore des dents de lait. Il doit croître et pouvoir manger de la nourriture solide. Il doit s'édifier dans la connaissance des mystères cachés que Dieu a réservés à ceux qui croiront en Son Fils Jésus-Christ. Les chapitres suivants participent de cette édification que nous lui souhaitons. Le disciple de Christ doit savoir qu'il est précieux au Seigneur, et que les ennemis de la vérité voudront lui contester sa fondation en Christ. Les chapitres qui suivent l'aideront à asseoir cette fondation et à lui procurer un équipement solide pour une croissance spirituelle d'excellente facture. Surtout, il est invité à ne jamais douter de son appel car les occasions de doute existeront. Tout comme, à un moment donné, Jean-Baptiste fut assailli de doutes sur la personne de Jésus-Christ dont il avait pourtant reconnu et magnifié la venue. Cela arriva parce que Jean-Baptiste était en prison. Quoiqu'il arrive, le disciple ne doit pas douter, ni céder aux sirènes de l'ennemi dont on connaît la propension à la manipulation.

Communier avec les disciples dans l'église du Seigneur

- ### L'église et son importance

> *«Car là où deux ou trois sont assemblés en Mon nom, Je suis au milieu d'eux»* **Matthieu 18:20**.

> ***«Cinq d'entre vous en poursuivront cent, et cent d'entre vous en poursuivront dix-mille**, et vos ennemis tomberont par l'épée devant vous»* **Lévitique 26:8**.

> ***«Comment un seul en poursuivrait-il mille, Et deux en mettraient-ils dix mille en fuite**, Si leur rocher ne les avait vendus, Si l'Éternel ne les avait livrés ?»* **Deutéronome 32:30**.

Le disciple a intérêt à rechercher la communion des autres disciples dans l'église de Jésus-Christ. Outre le fait que les dons qu'il possède sont limités, ce qui le rend dépendant des autres disciples, mais encore, les passages ci-dessus attestent que les prières ou actions collectives ont plus d'efficacité que les prières et actions individuelles. Précisons bien que les prières individuelles ont leur efficacité. Mais la prière de deux ou plusieurs a encore plus d'efficacité.

Le disciple est donc invité à mettre de côté son individualisme – autre manifestation de l'orgueil de celui qui veut tout pour lui-seul. Les individualistes développent, malgré eux, des tendances à la domination, car les dominants ont horreur d'être dominés. Ils ont donc horreur de vivre dans une communauté où ils ne sont pas des chefs, où ils seront soumis à l'autorité. L'église est le lieu de la soumission mutuelle, un lieu qui décourage l'esprit de chef au profit du plus petit. L'esprit de soumission et d'obéissance est très favorable à la croissance spirituelle du disciple.

> *«L'orgueil précède le désastre, et un esprit arrogant précède la chute»* (**Proverbes 16:18**).

> *«Car Dieu résiste aux orgueilleux, mais Il donne Sa grâce aux humbles»* (**1 Pierre 5:5**).

- Quelle église fréquenter ?

Il y a des églises presque partout. On peut célébrer Dieu en temps de paix, lorsque des églises sont librement ouvertes à plusieurs endroits. En d'autres temps, les disciples de Jésus-Christ furent tellement persécutés qu'ils se réunissaient en cachette. Ces persécutions existent encore aujourd'hui dans certains endroits du monde.

Bien qu'il existe plusieurs églises, les saintes Ecritures prescrivent des églises idéales. Celles-ci ne doivent pas forcément plaire à tous les disciples pour des raisons multiples. Mais elles sont conformes à la volonté du Seigneur. On ne va pas dans une église parce qu'elle plaît au disciple, parce que les disciples sont beaux, prestigieux, ou encore, parce que les disciples partagent la même nationalité, la même race, la même classe sociale ou les mêmes affinités socioculturelles. Il n'y a pas d'église pour riches, américains, français, chinois, noirs, arabes ou indiens, hommes ou femmes, personnes âgées ou jeunes selon qu'il est écrit :

> *«Il n'y a plus ni Juif ni Grec, il n'y a plus ni esclave ni libre, il n'y a plus ni homme ni femme, car vous tous, vous êtes un en Christ-Jésus»* (**Galates 3:28**).

> *«Il n'y a là ni Grec ni Juif, ni circoncis ni incirconcis, ni barbare ni Scythe, ni esclave ni libre ; mais Christ est tout et en tous»* (**Colossiens 3:11**).

L'église étant la réunion des disciples de Jésus-Christ en un endroit, les saintes Ecritures établissent néanmoins des limites administratives dans le périmètre desquelles les églises peuvent exercer. L'apôtre Paul dit à son collaborateur Tite : *Je t'ai laissé en Crète, afin que tu mettes en ordre ce qui reste à régler, et que, selon mes instructions, **tu établisses des anciens dans chaque ville*** (**Tite 1:5**). Ainsi devons-nous rechercher la communion avec les disciples de notre localité (ville), à condition qu'une église s'y trouve. La proximité géographique et administrative est donc le critère essentiel à retenir pour identifier l'église où nous devons adorer. L'église est d'origine céleste (parce que son chef, la tête, est au ciel) dont les membres vivent sur la terre sous la direction du Saint-Esprit qu'on ne voit pas. En dépit du fait que les disciples se présentent dans leurs enveloppes physiques, seule la communion spirituelle dans le Saint-Esprit doit être recherchée. Cette communion ne se fait pas via nos origines culturelles ou sociales car le Saint-Esprit est invisible. Privilégier une église parce que les membres sont sympathiques et attirants, c'est rabaisser le Saint-Esprit à la dimension humaine. Il n'est pas d'accord car l'Esprit de Dieu ne S'humanisera jamais. L'homme est invité à adopter la sagesse d'en haut et non celle de la terre car «*La sagesse d'en-haut est d'abord pure, ensuite pacifique, modérée, conciliante, pleine de miséricorde et de bons fruits, sans partialité, sans hypocrisie*» (**Jacques 3:17**).

En cas de difficulté à trouver une église locale, l'église la plus rapprochée du domicile est idéale, en attendant l'émergence d'une église locale.

L'église doit dispenser la parole du Seigneur conformément aux Ecritures. N'y rien ajouter, n'y rien retrancher. L'Esprit Saint doit être le dénominateur commun de la communion. L'église ne doit pas être un écran derrière lequel des pratiques douteuses et illicites sont perpétrées. En cas de constatation de ces dérapages, s'il n'existe pas d'alternative possible dans la prière et la patience, seule la voie de sortie est conseillée car le Seigneur interdit à Ses enfants de se bagarrer.

Certainement pas pendant sa période de jeune converti, le disciple doit, avec l'expérience et le temps, vérifier qu'il s'agit bien d'une église et non d'une mission transformée en église avec un chef qui régente tout comme il le ferait dans un ministère issu du don de l'Esprit. Il existe en effet des chefs de missions qui ont transformé leurs ministères en églises où ils exercent une chefferie incompatible avec la liberté de l'Esprit. Une église doit être supervisée par les anciens sous la direction du Saint-Esprit (Chef invisible) ; le rôle des missionnaires, notamment la création et l'organisation des églises, est, vis-à-vis des églises existantes, consultatif et non directif.

Lorsque les conditions de base sont réunies, un disciple ne doit pas quitter l'église, quelles que soient les divergences d'opinion sur tel sujet ou tel autre, ou parce qu'il veut connaître d'autres expériences. Les seules conditions sérieuses pour quitter une église spirituelle sont (i) la contrainte de localité (église locale de préférence) et (ii) l'animosité des membres à l'égard du disciple au point que sa présence physique soit source de tensions et de violences. Lorsque, pour des raisons inconnues, la présence d'un disciple suscite des tensions ou l'animosité, il est préférable pour ce disciple de s'éloigner. Il ne pêche pas en agissant de la sorte. Au contraire, il professe la paix car Jésus-Christ est un Prince de paix. *Heureux ceux qui procurent la paix.* L'église est, avant tout, un rassemblement de disciples au nom de Jésus-Christ, et non – nous insistons là-dessus – le lieu physique où se tient ledit rassemblement. Il ne sert à rien de se réunir physiquement avec des personnes hostiles car la communion spirituelle n'aura pas lieu. Si des gens veulent humainement confisquer un lieu de culte, pourquoi bagarrer ? Il est temps d'aller voir ailleurs. Dieu ne fait de considération de personne. S'Ils ne veulent pas du disciple pour des raisons personnelles, non bibliques, le disciple doit se sentir libre de partir ; il ne pêche pas en agissant ainsi, bien au contraire, il tient à la paix que son départ restaurera. C'est le Seigneur qu'on vient adorer et non la chaleur humaine. Seule la parole de Dieu demeurera tandis que le ciel et la terre passeront avec leurs convoitises.

- **Attitude à adopter dans l'église**

L'église est un endroit paisible où l'on vient communier avec d'autres disciples dans un esprit de recueillement, de joie et de soumission mutuelle, le tout sur fond d'humilité ; un endroit où l'on doit davantage chercher à se mettre à la disposition des autres par souci de toujours viser la dernière et non la première place.

Il faut éviter les disputes et les discussions philosophiques dans les églises. Bien que des désaccords puissent apparaître, le Seigneur insiste pour qu'on ait le même esprit, le même sentiment, la même pensée dans un esprit d'humilité et de crainte de Dieu. L'Ecriture recommande de faire confiance au Seigneur qui saura, en temps opportun, lever les désaccords (**Phillipiens 3:15**). On ne règle pas les désaccords, dans l'église, avec les débats philosophiques car, parfois, c'est dans l'esprit du disciple qu'est logé le désaccord et non dans son intelligence. L'Esprit-Saint est compétent pour corriger les carences de l'esprit humain dans lequel Il a été logé à la régénération. D'autre part, les débats philosophiques mettent en avant des talents d'orateur, charnels et trompeurs. Les talents oratoires véhiculent des qualités non spirituelles, mais charnelles, sans valeur ajoutée dans le Seigneur. Le danger de se fier aux talents de tribun, donc de chef, est très grand. En cas de désaccord entre les disciples, la soumission à l'Esprit, dans la prière, reste le meilleur remède : ne pas chercher à avoir raison, céder si l'interlocuteur insiste pour avoir raison de peur de provoquer des joutes verbales qui ne mènent à rien, sinon aux rancœurs selon qu'il est écrit :

> «*Voilà ce que tu dois rappeler, en adjurant devant Dieu **qu'on évite les disputes de mots qui ne servent à rien, sinon à la ruine de ceux qui écoutent**. Efforce-toi de te présenter devant Dieu comme un homme qui a fait ses preuves, un ouvrier qui n'a pas à rougir et qui dispense avec droiture la parole de la vérité. **Écarte les discours vides et profanes, car ceux qui les tiennent avanceront toujours plus dans l'impiété.** [...] Repousse les*

> *discussions folles et ineptes, sachant qu'elles font naître des querelles. Or il ne faut pas que le serviteur du Seigneur ait des querelles. Il doit au contraire être affable envers tous, avoir le don d'enseigner et de supporter»* (**2 Timothée 2:14-16, 23-24**).

Le Seigneur interdit à Ses disciples de se chamailler. S'il n'est plus possible d'adorer en paix dans une église, la voie de sortie est la meilleure. Jésus-Christ est un Dieu de paix et non de guerre. Nous en avons un aperçu lorsque Lui-même fut interdit de séjour dans un village de samaritains (**Luc 9:52-56**) et chez les Géraséniens (**Luc 8:37**). Les Géraséniens furent tellement effrayés par la guérison miraculeuse et la mort de la troupe de pourceaux qu'ils prièrent le Seigneur de ne pas entrer chez eux. Jésus ne leur opposa pas qu'Il était le Roi des juifs, habilité par conséquent à aller où bon Lui semblait. L'Ecriture dit que *«Jésus monta dans la barque et S'en retourna»*. Il S'en alla. C'est l'attitude que doit avoir un disciple de Jésus-Christ lorsqu'une tension ou une discorde survient dans une église à cause de lui, même s'il a d'excellentes bénédictions à déverser de la part du Seigneur.

Se sanctifier

> *«Recherchez la paix avec tous, et la sanctification sans laquelle personne ne verra le Seigneur»* **Hébreux 12:14**.

La sanctification est le mode de vie que Dieu prescrit au disciple entre la conversion et son enlèvement au ciel. Seuls les disciples du Christ peuvent se sanctifier comme Dieu veut. Sanctification rime donc avec obéissance et poursuite de la sainteté de Dieu. Le mot "sanctification" est si usité qu'il est bienvenu d'en faire un examen approfondi pour savoir ce qu'est la sanctification et ce qu'elle n'est pas, ce que le Seigneur en attend.

En d'autres termes, sur la base des acquis du présent livre, la présence du Saint-Esprit dans l'esprit du disciple lui confère des dons qu'il a l'autorisation de gérer et de rendre compte à Christ. La sanctification résume donc la manière de mieux se conduire, de mieux gérer ses dons spirituels pour hériter du trophée que Dieu promet aux disciples fidèles selon qu'il est écrit : *«Bien, bon et fidèle serviteur, tu as été fidèle en peu de choses, Je t'établirai sur beaucoup ; entre dans la joie de ton Maître»* (**Matthieu 25:21**).

- Que signifie "se sanctifier" ?

L'analyse des différentes utilisations de cette expression, dans les saintes Ecritures, permet de dégager un dénominateur commun. Ainsi, se sanctifier signifie "se mettre à part pour Dieu". Sanctifier un objet, c'est le mettre à part pour Dieu. Sanctifier un jour, c'est mettre ce jour à part pour Dieu. Sanctifier un homme, c'est le mettre à part pour Dieu, etc.

La première chose que Dieu sanctifia fut le septième jour, lorsqu'Il se reposa après avoir créé le monde dans lequel nous vivons, selon qu'il est écrit : *«**Dieu bénit le septième jour et le sanctifia**, car en ce jour Dieu S'était reposé de toute l'œuvre qu'Il avait créée»* (**Genèse 2:3**). En Se reposant Lui-même, le septième jour, Dieu en faisait un jour particulier. Ainsi Il mit le septième jour à part pour Lui-même. Le septième jour devint le sabbat de l'Eternel que les israélites ont célébré jusqu'à ce jour.

Dans l'Ancien Testament, les israélites se sanctifiaient la veille d'une visitation divine. Comme ils ne voulaient pas irriter Dieu pendant cette période de visitation, leur sanctification comprenait deux actions : (i) débarrasser leurs maisons de choses impures, contraires à la sainteté de Dieu, notamment le nettoyage de leurs vêtements et la suppression des objets de divination, de magie et autres sortilèges et (ii) s'abstenir de certaines activités non indispensables telles que, par exemple, les rapports sexuels : *«L'Éternel dit à Moïse : Va vers le peuple ; **sanctifie-le** aujourd'hui et demain ; qu'ils nettoient leurs vêtements. Qu'ils soient prêts pour le troisième jour [...] Moïse descendit de la montagne vers le peuple ;*

il sanctifia le peuple**, et ils nettoyèrent leurs vêtements. Il dit au peuple : Soyez prêts dans trois jours ; **ne vous approchez d'aucune femme» (**Exode 19:10-15**).

Parce que Dieu promit aux israélites qu'Il leur apparaîtrait dans trois jours, Il leur demanda de se mettre à part pour Lui. Ils durent, pour cela, nettoyer leurs vêtements et s'abstenir de relations sexuelles. Le nettoyage des vêtements et l'abstinence sexuelle sont des actions singulières, de privation, faites dans le but d'indiquer à la personne honorée qu'elle est digne de considération et mérite qu'on fasse une chose spéciale pour elle. C'est aussi une façon de Lui dédier notre vie en mettant entre parenthèses notre liberté d'agir à notre guise. En se sanctifiant de la sorte, les israélites se mettaient à la disposition exclusive de Dieu pour la période voulue.

Il faut donc que le disciple comprenne que la sanctification, contrairement à une croyance très répandue, est moins une opération de purification de soi qu'une mise à part pour Dieu. La sanctification signifie simplement se mettre à part pour Dieu, se consacrer. Concrètement, cela signifie, changer un ou plusieurs éléments du mode opératoire habituel tel que l'abstinence sexuelle décrite plus haut. Dans certains cas, il peut s'agir de mets délicats à éviter. Ailleurs, on parlera de jeûne. Dans la pensée de Dieu, si ce qui Lui est consacré touche un objet, alors l'objet Lui est également consacré. La sanctification est donc contagieuse. De nombreuses expériences des Ecritures l'attestent. Dieu avait indiqué que, quiconque s'approcherait de la montagne d'où Il apparaîtrait pour annoncer Ses commandements au peuple israélite, serait mis à mort (**Exode 19:12-13**). C'est parce que la montagne était consacrée – mise à part – du fait de la présence de Dieu.

Pourquoi les deux premiers fils d'Aaron, Nadab et Abihou, furent-ils brûlés par le feu ? C'est parce que premièrement, ils avaient été consacrés – mis à part. Deuxièmement, le feu qu'ils avaient mis à leur brasier ne provenait pas d'un feu consacré. Le feu recommandé devait provenir de l'autel sacré. Le feu qu'ils allumèrent, n'étant pas sacré, Dieu le consacra dès que ce feu fut en contact des choses consacrées, notamment les deux jeunes gens. L'acte de consécration du feu étranger produisit une flamme géante qui consuma les deux malheureux. A vue d'œil, il n'y avait aucune différence entre le feu de l'autel sacré et le feu étranger apporté par Nadab et Abihou, parce que la flamme d'un feu est toujours la même. Mais la différence était fondamentale au point de coûter la vie à deux sacrificateurs. C'est là la différence entre une purification de façade et la sanctification qui est la mise à part ou consécration à Dieu qu'on ne voit pas. Vu en apparence, le feu est toujours le feu. Il pouvait donc consumer le brasier des deux sacrificateurs. On pouvait alors déclarer que Nadab et Abihou avaient fait la volonté de Dieu. En apparence seulement car, à la vérité, en apportant un feu étranger au lieu du feu sacré, nos deux amis n'avaient pas fait la volonté du Dieu invisible qui les recadra solennellement. La sanctification est donc une opération de mise à part ou de consécration au Dieu qu'on ne voit pas. Dans ce cas, Lui seul peut attester qu'une chose Lui est consacrée. La sanctification ou consécration est donc un acte spirituel dans lequel l'auteur adresse un message personnel à Dieu. Personne, en dehors de Dieu et du concerné, ne sait ce qui est sanctifié/consacré. La sanctification reste donc un acte très fort de la vie des disciples du Christ dans leur relation avec le Maître. C'est pourquoi, il est dit «*Recherchez la paix avec tous, et **la sanctification sans laquelle personne ne verra le Seigneur***» (**Hébreux 12:14**).

En définitive, se sanctifier, c'est se mettre à part pour Dieu. C'est se consacrer à Dieu. C'est s'offrir soi-même pour être entièrement à Dieu. C'est s'offrir en oblation à Dieu. C'est s'offrir à Lui comme une victime spirituelle pour être entièrement à Lui. Quoique le disciple fasse dans la vie, qu'il ait une activité récurrente dans les assemblées de Dieu (ministère) ou qu'il exerce une activité séculière dans le monde alentour comme fonctionnaire ou privé, il fait tout, désormais, à la gloire de Dieu, selon qu'il est écrit :

> «*Soit donc que vous mangiez, soit que vous buviez, et quoi que vous fassiez, **faites tout pour la gloire de Dieu***» (**1 Corinthiens 10:31**).

> Un disciple de Christ, où qu'il soit, quoi qu'il fasse, vit et agit désormais pour la gloire de Dieu.

- Jésus Se sanctifia Lui-même pour Ses disciples

> *«Comme Tu M'as envoyé dans le monde, Moi aussi Je les ai envoyés dans le monde. **Et Moi, Je Me sanctifie Moi–même pour eux**, afin qu'eux aussi soient sanctifiés dans la vérité»* **Jean 17:18-19**.

Au moment de quitter la terre, Jésus S'inquiéta auprès de Son Père du sort de Ses disciples après Lui. Comme Il aimait Ses disciples plus que tout, Jésus va Se mettre à part pour que Ses disciples réussissent après Lui. Non seulement les apôtres qui partageaient Sa vie terrestre, mais aussi ceux qui devaient croire en Christ par la prédication des apôtres (**Jean 17:20**).

Jusqu'à ce jour donc, le Seigneur Jésus-Christ ressuscité Se tient à part, dans une posture de sanctification et de consécration, pour que tous Ses disciples, ceux d'hier et d'aujourd'hui, parviennent à la sanctification et finalement, à l'héritage qui les attend au ciel : *«Bien, bon et fidèle serviteur, tu as été fidèle en peu de choses, Je t'établirai sur beaucoup ; entre dans la joie de ton Maître»* (**Matthieu 25:21**).

- **Dieu sanctifie les disciples du Christ par la parole de vérité**

> *«Je ne Te prie pas de les ôter du monde, mais de les garder du Malin. Ils ne sont pas du monde, comme Moi, Je ne suis pas du monde. **Sanctifie-les par la vérité : Ta parole est la vérité**»* **Jean 17:15-17**.

Sur la même lancée de la foule de préoccupations qu'Il avait pour Ses disciples, la veille de Son départ de ce monde, le Seigneur Jésus-Christ demanda à Son Père de les sanctifier par la vérité, en rappelant que la parole de Dieu était la vérité.

Les disciples du Christ disposent donc, en la parole de Dieu, d'un puissant instrument de sanctification. Il suffit de s'en référer souvent, d'y recourir en toutes circonstances. La parole de Dieu prêchée ou mise en exécution a pour effet de mettre le disciple à part, de le consacrer.

Le disciple ne doit plus craindre, ni avoir honte, de centrer sa vie sur les exigences de la parole de Dieu, laquelle n'est pas ringarde malgré la modernisation galopante du monde (internet, communication, satellites, etc.). *Le ciel et la terre passeront mais la parole de Dieu ne passera pas.* Toute la modernité actuelle et celle qui viendra au loin, dans le futur, n'égaleront jamais la modernité du ciel, de la Jérusalem céleste dont les rues sont pavées d'or et de toute espèce de pierres précieuses, où les habitants sont comme des anges de Dieu.

- **Le disciple qui se sanctifie est un avec Dieu**

> *«Et Moi, Je Me sanctifie Moi-même pour eux, **afin qu'eux aussi soient sanctifiés dans la vérité**. Ce n'est pas pour eux seulement que Je prie, mais encore pour ceux qui croiront en Moi par leur parole, **afin que tous soient un ; comme Toi, Père, Tu es en Moi, et Moi en Toi, qu'eux aussi soient un en Nous**, afin que le monde croie que Tu M'as envoyé»* **Jean 17:19-21**.

Le disciple de Christ bénéficie de la part de Dieu le Père et du Seigneur Jésus-Christ d'une aide précieuse car Dieu l'a sanctifié (mis à part) par Sa parole et Jésus S'est sanctifié (mis à part) Lui-même pour ce disciple dans une attitude d'humilité et de prière. Le disciple dispose donc d'un champ libre pour réussir sa sanctification. Mieux, la fin du verset ci-dessus indique que le disciple qui se sanctifie est un avec Jésus-Christ et avec le Père.

La sanctification du disciple doit donc être sa meilleure réponse à Dieu pour l'acte de crucifixion de Son Fils Jésus-Christ dont le sang le sauve complètement aujourd'hui. En se sanctifiant, le disciple est un avec le Seigneur Jésus-Christ et Son Père. C'est alors que le Seigneur suivra ce disciple partout et interviendra en sa faveur. Il existe de nombreux disciples qui ploient sous de fortes charges alors qu'ils gagneraient à se décharger devant Dieu. Seule la sanctification de ce disciple l'aidera à se décharger. En fait, se décharger est déjà un acte de sanctification dans lequel il adresse les propos suivants : *"Père, cette charge est trop lourde pour mes frêles épaules. Et le Sang de Jésus-Christ me purifie de tout péché. Je me décharge en conséquence en fixant le regard sur le Christ. Reçois ma prière. Je T'en remercie au nom de Jésus-Christ, amen."*

- ## Peut-on mettre fin à la sanctification ?

La sanctification ne peut prendre fin, tant que l'ère de la grâce perdurera, avant le retour du Seigneur Jésus-Christ dans la gloire avec Ses saints anges. Quiconque met fin à la sanctification se retrouvera dans ses anciens péchés. Le disciple qui met fin à la sanctification rompt le cordon ombilical qui le lie à Dieu en Christ avec Qui il est un. S'il coupe le cordon ombilical, il deviendra sa propre source d'inspiration et de motivation, c'est-à-dire la chair, or les tendances de la chair sont ennemies de l'Esprit.

Dans l'Ancien Testament, lorsque le peuple d'Israël suivait fidèlement les commandements de Dieu, Dieu exprimait Sa satisfaction en leur donnant la prospérité et la domination sur leurs ennemis alentours.

Il est encore écrit :

> *«Faites tous vos efforts pour joindre à votre foi la vertu, à la vertu la connaissance, à la connaissance la maîtrise de soi, à la maîtrise de soi la persévérance, à la persévérance la piété, à la piété la fraternité, à la fraternité l'amour. En effet, si ces choses existent en vous et s'y multiplient, elles ne vous laisseront pas sans activité ni sans fruit pour la connaissance de notre Seigneur Jésus–Christ ; **mais celui qui ne les possède pas est un aveugle, il a les yeux fermés, il a mis en oubli la purification de ses anciens péchés»* (2 Pierre 1:5-9)**.

Ce dernier passage traduit la vie de quiconque ne poursuit pas sa sanctification : il oublie la purification de ses anciens péchés, lesquels ne tardent pas à le rattraper parce que la communion qui le relie à Dieu et à Sa sainteté a été rompue.

Les disciples sont invités à poursuivre la sanctification sans se relâcher selon qu'il est écrit : «*Recherchez la paix avec tous, et **la sanctification sans laquelle personne ne verra le Seigneur***» (**Hébreux 12:14**).

La sanctification revêt une telle importance que Jésus-Christ l'a érigée en requête première dans la prière à Dieu : «*Notre Père qui es aux cieux, **Que Ton nom soit sanctifié**...*» (**Matthieu 6:10**). Moïse et Aaron furent privés de la terre promise parce qu'ils n'avaient pas sanctifié l'Eternel Dieu près des eaux de Mériba. Le but final de la sanctification est rappelé dans la parole de Dieu depuis la sortie des israélites de l'Egypte : «*Vous serez saints car Je suis saint*» (**Lévitique 11:44**). De la lecture du présent chapitre sur la sanctification, on peut tirer la leçon suivante : Jésus-Christ S'est sanctifié pour les disciples. Dieu sanctifie les disciples par la vérité et les disciples sanctifient Dieu, sur la terre, par leur consécration. Une fois la boucle parfaitement bouclée, alors les disciples sont un avec le Christ comme le Christ est un avec le Père, et le Père un en tous. C'est ainsi que le règne de Dieu le Père viendra et que Sa volonté sera faite sur la terre comme au ciel car *c'est à Lui qu'appartiennent, dans tous les siècles, le règne, la puissance et la gloire.*

Se nourrir, se renouveler, écouter le Seigneur et faire Sa volonté, tenir ferme

Une fois bien pesé le pour et le contre de la nécessité de se sanctifier, le disciple doit aller de l'avant et ne plus regarder derrière lui. Fini le temps des hésitations, place à une nourriture spirituelle solide. Il doit apprendre à écouter le Seigneur et se rapprocher de Lui, à faire Sa volonté et tenir ferme.

- **Le disciple peut se tromper et s'égarer**

De nombreux épisodes de la bible indiquent que les disciples, même les plus illustres d'entre eux, se sont trompés. Abraham se trompa dans l'affaire d'Ismaël qu'il eut selon la chair, et non selon la promesse de Dieu. Moïse ne sanctifia pas Dieu lors de la complainte du peuple israélite près des eaux de Mériba. David se trompa dans l'affaire d'Urie le Hittite, l'un de ses généraux, qu'il mena à la mort après avoir arraché sa femme. Des disciples demandèrent à Jésus l'autorisation de faire descendre le feu du ciel pour consumer un peuple incrédule. Des disciples interrompirent le ministère d'un homme qui chassait les démons au nom de Jésus, parce que ce serviteur refusait de les suivre. Pierre fut mêlé à une affaire d'hypocrisie avec les Juifs d'Antioche. La liste est longue.

Beaucoup de disciples sont exposés aux aléas de l'existence, ce qui les expose aussi à de mauvaises décisions pouvant affecter leur descendance (Ismaël contre Isaac) ou leur survie (Moïse remplacé par Josué). Parmi les expériences évoquées ci-dessus, certaines maladresses sont grossières (David) et d'autres peu évidentes (Moïse), surtout celles qui sont tolérées par la société dans des circonstances particulières (Abraham). Toujours est-il que ces maladresses impliquent des serviteurs de Dieu, conduits par l'Esprit de Dieu, et sont contraires à la volonté de Dieu.

Le disciple doit donc reconnaître que des circonstances de la vie peuvent l'amener à fausser son jugement sur une ou plusieurs affaires. Un disciple peut, en plus, se retrouver au mauvais endroit au mauvais moment.

Comment Abraham pouvait-il savoir qu'il n'avait pas à aller vers Agar pour engendrer Ismaël devenu, au fil des siècles, un adversaire farouche d'Isaac, le fils de la promesse ? Comment Moïse pouvait-il savoir qu'il ne sanctifiait pas Dieu dans l'affaire des eaux de Mériba ? Comment les disciples pouvaient-ils savoir qu'ils se trompaient en interrompant le ministère de celui qui ne voulait pas les suivre ? Humainement, il est difficile de trouver la bonne réponse. Spirituellement, la réponse existe.

Dieu nous demande de prier sans cesse, pour le renouvellement de nos pensées, de notre intelligence, de notre esprit ou homme intérieur, de nos sentiments et de notre volonté. Le disciple devrait y veiller quasi quotidiennement. Le roi David, devant sa maladresse, fut très anéanti et consacra du temps devant Dieu pour Lui demander un *cœur bien disposé*. C'est le sujet d'une intercession récurrente dans le chapitre le plus long des saintes Ecritures : **Psaume 119 (176 versets)**.

Le disciple doit donc prier régulièrement pour que Dieu renouvelle son esprit, son intelligence, ses pensées, ses sentiments et sa volonté par le Saint-Esprit. Ainsi, il aura un cœur bien disposé pour déceler les erreurs grossières ou raffinées. L'Ecriture parle du mystère de l'iniquité car le diable est capable de dissimuler ses traquenards sous de puissantes manifestations de vertu et de puissance, surtout lorsqu'il œuvre au milieu de gens bien éduqués.

Sur de nombreux sujets, Jésus eut une réponse qui surprit plus d'un auditeur. Ce fut le cas lorsque Sa mère et Ses frères biologiques désirèrent Le voir. On peut être surpris qu'un homme aussi saint que Jésus pût congédier Sa mère et Ses frères dans les circonstances de l'Ecriture. C'est parce que ces derniers L'empêchaient de faire la volonté de Son Père. Jésus avait déjà relevé cette disposition lorsque, encore ado, Ses parents biologiques interrompirent une séance d'entretien dans la synagogue. Une fois adulte, âgé de trente ans, Jésus ne pouvait plus Se soumettre à Sa parenté biologique aux dépens de la mission que le Père Lui avait confiée. Quelqu'un d'autre aurait régulièrement interrompu la séance de travail pour accueillir ces visiteurs spéciaux qui avaient parcouru des dizaines de kilomètres pour rencontrer Jésus. Car Ses parents biologiques étaient de Galilée, alors que Jésus prêchait à Jérusalem, en Judée.

Comment un disciple saura-t-il discerner la volonté de Dieu dans un cas comme celui-ci ? Soit il interrompt la séance pour accueillir ces parents inquiets de ne pas souvent le voir au milieu des rumeurs de complots contre lui, soit il poursuit le ministère en ignorant leur présence. Il faut un esprit vif et renouvelé par le Saint-Esprit pour trancher dans la bonne direction.

Toutefois, si le renouvellement de notre homme intérieur est fortement recommandé, nous ne devons pas ignorer d'autres instruments nécessaires à notre protection, notamment l'écoute de Dieu et l'obéissance à Sa volonté.

- **Ecouter le Seigneur**

Depuis la désobéissance du premier homme, Adam, dans le Jardin d'Eden, ses descendants ont acquis l'habitude de désobéir. L'homme est plus prompt à la désobéissance, à suivre ses propres penchants, qu'à écouter son prochain. Ecouter, c'est souffrir une perte. C'est s'humilier devant celui à qui on tend l'oreille. C'est se mettre dans l'habit du receveur de leçons, une posture peu enviable. Le même sentiment semble malheureusement partagé dans la bergerie du Seigneur. Ce mauvais sentiment incombe à la portion du disciple non conquise par le Saint-Esprit.

Le disciple doit donc reconnaître que l'obéissance n'est pas une qualité naturelle chez l'homme. Dès qu'il vient au Seigneur, il doit apprendre à écouter attentivement sans broncher. Le disciple doit vaincre en lui cette tendance naturelle à ne pas écouter, parce qu'écouter lui donne l'impression de s'humilier, chose humainement difficile à faire.

Ecouter fait partie des instruments dont le Seigneur dispose pour amener Ses disciples à l'humilité, car l'orgueil conduit au désastre tandis que l'humilité précède la gloire (**Proverbes 16:18 , 1 Pierre 5:5**). N'oublions pas que le Général syrien Naaman trouva humiliant d'aller se jeter, à sept reprises dans les eaux du Jourdain, comme le lui demandait le prophète Elisée pour le purifier de la lèpre. Ayant refusé une première fois, il se ravisa, obéit et la lèpre disparut aussitôt (**2 Rois 5:14**). Jésus fit la boue qu'Il appliqua sur les yeux d'un aveugle afin qu'il recouvrît la vue (**Jean 9:6**). Jésus demanda à une dizaine de lépreux d'aller se montrer aux sacrificateurs selon la loi de Moïse, et ils recouvrèrent la santé en chemin (**Luc 17:14**). Ces trois histoires ont en commun des postures humiliantes sans le respect desquelles les malades n'auraient pas été soulagés de leur souffrance.

Ecouter, c'est indiquer à Dieu que Sa parole est digne d'intérêt. Ecouter c'est lire la parole de Dieu et en tenir compte dans les circonstances de tous les jours. Le disciple ne doit pas se faire d'illusion et croire que l'Ecriture est ringarde et ne correspond plus aux codes de la vie d'aujourd'hui. Le ciel et la terre (sciences, mathématique, économie, droit, téléphonie, internet) passeront mais pas la parole de Dieu. Le disciple doit plutôt s'accommoder de la parole de Dieu et non l'inverse consistant à revoir la parole à la lumière de la société d'aujourd'hui. La parole de Dieu est éternelle alors que les inventions et intrigues de l'homme ne le sont point, elles s'usent avec le temps.

Ecouter Dieu, c'est respecter la hiérarchie établie par Dieu, que cela convienne ou non à la vision du disciple. Si une personne occupe une position d'autorité, elle mérite d'être écoutée. Dieu a horreur de la rébellion vis-à-vis de l'autorité car cela Lui rappelle la rébellion de l'astre brillant, Satan le diable, qui voulut se faire l'égal de Dieu. Respecter la hiérarchie, c'est se soumettre à Dieu. Dieu a créé de nombreuses situations dans lesquelles le salut passe par la soumission aux autorités instituées par Ses soins : autorités gouvernementales, anciens et diacres de Son église.

Ecouter Dieu, c'est aussi ne pas toujours faire ce qui nous plaît. C'est ne pas exiger toutes les garanties de réussite d'une opération avant de la débuter. Ecouter Dieu, c'est donc faire preuve de foi car *heureux ceux qui n'ont pas vu et qui ont cru* (**Jean 20:29**). Parfois, le moyen que Dieu utilise pour faire parvenir Sa parole importe peu. Seul compte le contenu. Dieu fit entendre Sa parole au prophète Balaam au moyen d'un âne. Dieu fit entendre Sa parole à Moïse au moyen d'un buisson ardent. Dieu nous informe que des pierres peuvent crier (**Luc 19:40**). Le disciple doit par conséquent se préparer à écouter Dieu dans des circonstances diverses.

- Faire la volonté du Seigneur

Faire la volonté du Seigneur est une preuve manifeste que le disciple L'écoute. Car celui qui n'obéit pas, n'écoute pas. Et celui qui n'écoute pas, méprise ou doute de celui qui parle. Celui qui ne fait pas la volonté de Dieu est coupable du péché de divination (**1 Samuel 15:23**). Celui qui fait la volonté de Dieu demeure éternellement (**1 Jean 2:17**).

Si on imagine que la nouvelle naissance en Christ est un iceberg, alors l'obéissance à la volonté de Dieu en est la partie visible. Celui qui n'obéit pas à la volonté de Dieu, ne pourra jamais prouver qu'il est disciple de Christ. Il pourra en avoir l'apparence, mais manquer de profondeur.

- Obéir à la parole de Dieu sans tenir compte des conséquences

Il est indéniable que l'obéissance à la parole de Dieu produit des conséquences, parfois douloureuses. Faut-il alors déformer cette parole pour relativiser ces conséquences ? Négatif ! C'est casser un thermomètre dans l'espoir que la température cessera de grimper. Elle ne baissera pas dans la réalité, malgré un instrument endommagé. Il faut appliquer la parole de Dieu quelles qu'en soient les conséquences telles que, par exemple, une punition corporelle (**Actes 5:41**), une longue patience (**1 Samuel 13:11-13**), la marginalisation (**Jean 6:66**), les pertes financières et matérielles (sécurité et promotion sociales, confort, argent), ainsi que les menaces (chantages divers). Le Seigneur a bien prévenu ceux qui auront honte de Lui : Lui aussi aura honte d'eux devant Son Père (**Marc 8:38**), et il faudra aussi s'attendre à de nombreux désagréments à cause de Lui (**Matthieu 5:11-12**).

A cause de nombreuses situations pouvant amener le disciple de Christ à suivre les directives de l'Esprit, nous pouvons donner ici quelques exemples de choses à faire et ne pas faire.

Le disciple ne doit jamais suivre les forts – majorité – contre les faibles. Dans le monde, surtout en milieu professionnel, il existe de nombreux camps qui s'affrontent pour le contrôle des positions dominantes. Dans leur stratégie, ils n'hésiteront pas à écraser un faible sur leur chemin. Le disciple ne devrait pas suivre les forts dans ces abus de position dominante. Il devra s'abstenir, quelles qu'en soient les conséquences sur son avenir (haine, méfiance, marginalisation et ostracismes divers) selon qu'il est écrit : «*Tu ne suivras pas la multitude pour faire le mal et tu ne déposeras pas dans un procès **en te mettant du côté de la multitude**, pour violer la justice*» (**Exode 23:2**). Dans le monde, les païens diront que, pour être en sécurité, il faut être du côté des forts. S'il est vrai que cela a le bon côté d'éviter des désagréments au disciple, le Seigneur lui interdit de suivre la majorité qui viole Ses commandements, ou de se rallier à la majorité contre la vérité.

Le disciple doit aussi éviter de s'attirer les foudres du monde lorsqu'il n'est pas directement interpelé. Dieu n'a pas demandé au disciple d'être le réviseur de conscience de la société. Il existe des agents chargés de cette mission : la police, la gendarmerie. Le disciple ne doit donc pas dénoncer tout mal qu'il découvre dans son entourage car le monde est corrompu. Par exemple, s'il découvre qu'un camp se livre à la corruption pour assouvir ses besoins, il n'a pas à le dénoncer s'il n'en a pas reçu le mandat. Jésus réfuta celui qui L'invitait à trancher une dispute d'héritage au motif qu'Il n'avait pas été établi juge pour faire des partages (**Luc 12:14**). Si un camp veut l'associer à la combine, il devra s'abstenir et en assumer les conséquences. Le fait de ne pas participer aux actes de corruption ne signifie pas que le disciple doive les dénoncer à tout va, lorsque sa mission n'est pas de le faire. De même, le disciple ne doit pas soupçonner la corruption partout. S'il est impliqué dans un groupe de travail, il doit suivre ce groupe sans se poser des questions, sans chercher à savoir si ce groupe est dans la légalité ou non. Jusqu'au jour où ce groupe lui révèle des choses contraires à la Loi de Dieu. C'est alors qu'il devra s'abstenir quelles qu'en soient les conséquences. L'apôtre Paul conseille au disciple, invité à une table, de manger de tous les repas qu'on lui présentera sans se poser des questions. Ce n'est qu'une fois connue la provenance douteuse d'un repas, qu'il pourra s'abstenir. Ainsi, le disciple doit se conduire avec sagesse et non comme un fou. Il existe des situations difficiles à cerner. Le disciple doit soumettre l'affaire au Seigneur, souvent via les disciples plus expérimentés, et le Seigneur l'éclairera. Le disciple devra en accepter la décision et les conséquences. Tel est le sort qui attend le disciple.

Le disciple ne doit jamais suivre sa famille lorsque cette dernière est en tort. Cet aspect des choses présente le désagrément de l'opposer à sa parenté biologique. Mais la sanctification ne tient pas compte de la parenté biologique car Dieu ne fait acception de personne. Etre rejeté par sa propre famille peut être très douloureux. Le Seigneur a prévenu Ses disciples que leurs conversions leur attireront la colère et l'adversité des membres de leur parenté selon qu'il est écrit : «*Si quelqu'un vient à Moi, et **s'il ne hait pas son père, sa mère, sa femme, ses enfants, ses frères et ses sœurs, et même sa propre vie**, il ne peut être Mon disciple*» (**Luc 14:26**).

D'une manière générale, quand vient le moment de manifester sa foi, le disciple doit accepter le sort qui l'attend sans l'éviter. La vie de disciple a un coût à assumer et, d'emblée, il n'en connaît le prix qu'au moment de l'épreuve. Je me suis souvent demandé si j'aurais suivi le Seigneur s'il m'avait été donné de savoir, d'emblée, les épreuves par lesquelles je passerais. On peut étendre la réflexion à d'autres serviteurs de Dieu pour savoir par exemple si Moïse aurait accepté de suivre l'Eternel en étant informé, par avance, de la charge de travail qui l'attendait ou sa mise à l'écart, si près de la terre promise. Pour ne rien cacher, cette réflexion ne mène à rien car tous ceux qui sont passés par ce chemin ont profondément loué Dieu en Lui témoignant leur reconnaissance. On connaît le cantique des montées de Moise. Lorsque la braise s'intensifie autour du disciple, il n'y a pas lieu de murmurer ni de paniquer. Le réconfort du disciple réside, dans ces cas là, dans l'espérance selon qu'il est écrit :

> *«En vérité, Je vous le dis, il n'est personne qui ait quitté, à cause de Moi et de l'Évangile, maison, frères, sœurs, mère, père, enfants ou terres, et qui ne reçoive au centuple, **présentement dans ce temps-ci**, des maisons, des frères, des sœurs, des mères, des enfants et des terres, avec des persécutions et, dans le siècle à venir, la vie éternelle»* **Marc 10:29-30**.

L'exemple de Job est l'illustration parfaite de l'espérance à avoir lorsqu'on subit des désagréments au nom du Seigneur.

- Evaluer, tirer les leçons et persévérer

Dans la marche avec le Seigneur, le disciple doit s'attendre à des hauts et des bas comme dans tout apprentissage. Certaines erreurs seront détectées dans l'immédiat ; d'autres après un temps plus ou moins long. Le Seigneur poursuit un même but : sanctifier le disciple et l'amener à la perfection. Certaines difficultés auront pour but de jauger son niveau spirituel et sa capacité à affronter, par la foi, des obstacles majeurs, souvent en temps de braise. L'ennemi rode et multiplie les traquenards que le Seigneur anticipe en amenant Son disciple dans des situations, apparemment difficiles, mais visant la préparation de ce dernier à contrer l'ennemi. Le disciple doit, en tout temps, se souvenir que le Seigneur l'aime et lui veut du bien. Le Seigneur veut que le disciple parvienne à la perfection. Celui qui ne reçoit pas la discipline du Seigneur est un bâtard et non un fils de Dieu (**Hébreux 12:7-8**).

Le disciple doit exercer fidèlement la mission que le Seigneur lui confie

Il a été précisé plus haut que le don de l'Esprit était la base sur laquelle toute activité pouvait être menée pour l'utilité commune et l'édification de tous. Il a également été vu, au sujet des charges dans l'église, que seuls les disciples pouvaient les exercer. Les ministères et charges doivent être exercés dans le respect mutuel des membres du corps de Christ et l'humilité consistant, pour chaque disciple, à demeurer à la place où le Seigneur l'a installé. Ce respect mutuel et cette humilité décourageront tout esprit de chef dans l'église, une position que le Seigneur occupe déjà, de manière exclusive et définitive.

L'objectif de ce chapitre est donc d'attirer l'attention du disciple sur la nécessité d'accomplir son ministère avec empressement et sagesse.

- **Quand peut-on démarrer sa mission (ministère) ?**

Un ministère peut être démarré immédiatement, à condition que les conditions essentielles soient réunies : (i) le disciple est baptisé d'eau et a reçu le don (baptême) de l'Esprit, (ii) il est consacré et poursuit sa sanctification, (iii) il lui a été révélé son ministère et/ou (iv) les représentants de l'église, généralement les anciens, adhèrent à son appel. Il est clair que la qualité du ministère dépendra de l'ancienneté du disciple dans la foi et la sanctification. Toutefois, outre les conditions essentielles sus évoquées, il n'y a pas d'indication précise sur le délai à attendre avant le démarrage de son ministère, dans la mesure où plusieurs vitesses de lancement sont à prévoir : petitement d'abord, en mode accéléré par la suite, selon que le Seigneur pourvoira. La quatrième condition doit être examinée avec délicatesse car, en principe, il s'agit des anciens de l'église où le don de l'Esprit a été révélé comme en condition numéro trois. L'apôtre Paul ne pouvait exiger l'adhésion de Jérusalem avant de démarrer sa mission, car son appel fut entendu dans l'église d'Antioche où il persévérait dans le Seigneur. Aucune église ne peut s'opposer au ministère du disciple au motif que sa révélation vient d'une petite église. Dans l'appel de Paul à Timothée, il lui rappelle de *ne pas négliger le don qui est en lui et qui lui fut donné par la prophétie, avec l'imposition des mains du collège des anciens* (**1 Timothée 4:14**). Il est clair que le collège des anciens auquel Paul faisait allusion, représentait l'église où Timothée avait été baptisé, assurément une petite église. Rien à voir donc avec les grandes églises d'Ephèse où Timothée résidait au moment de la lettre de Paul. Seuls les résultats et les témoignages peuvent crédibiliser le ministère d'un disciple. Les apôtres de Jérusalem tendirent la main de collaboration à Paul parce qu'ils voyaient les résultats obtenus par lui (**Galates 2:9**). Toutefois, il faut être prudent et vigilant car le véritable précepteur du ministère d'un disciple est le Seigneur Jésus auprès de Qui, le disciple doit rendre des comptes. Un ministre n'a pas de compte hiérarchique à rendre à l'église car ce n'est pas l'église qui l'envoie, mais le Seigneur seul. Il n'est comptable auprès des églises que des témoignages suscités par son ministère. L'église d'Antioche n'avait pas envoyé Paul en mission. Elle s'était contentée de lui imposer les mains en signe d'adhésion, après l'appel de l'Esprit. De même aussi, une église n'est pas hiérarchiquement dépendante d'une mission (ministère) quelconque.

D'autres conditions peuvent être envisagées avant le démarrage du ministère, mais la foi et la confiance du disciple au Seigneur devraient lever tout obstacle. Nous pensons au financement du ministère qu'il doit négocier avec le Seigneur seul, son Patron et Maître. C'est donc une question concernant le Seigneur Jésus-Christ et le disciple, dans le silence de leurs relations. Selon l'Ecriture, aucun apôtre n'a sollicité une église pour financer son ministère. Le fait que le Seigneur mette des donateurs à contribution ne signifie pas que ces donateurs doivent être harcelés par le missionnaire. Toute la nuance s'y trouve et c'est fondamental. Les donateurs ne doivent ressentir aucune pression du ministre, faute de quoi, ils pourront douter de l'origine divine de la mission. Aucune mission, fondée sur la chair, ne peut recevoir de provision de la part d'un donateur car *ce qui vient de la chair est chair*, et les tendances de la chair sont ennemies de Dieu (**Romains 8.7**). On peut regretter l'indifférence d'une église envers une mission bénie de Dieu, mais aucun lien organique ne lie les deux entités.

- Ministère (mission) à temps partiel ou à temps plein ?

Commençons par lever un mystère. Le disciple à qui le Seigneur confie une mission, ne doit exiger de financement d'aucune église particulière. Il peut cependant en recevoir une contribution volontaire offerte avec grâce. Les églises sont libres à l'égard du financement des missions. Le disciple missionnaire doit s'attendre uniquement au Seigneur pour tout ce qui concerne l'envergure logistique, temporelle et territoriale de sa mission. L'apôtre Paul partit d'Antioche avec Barnabas, avec pour seule provision, l'imposition des mains de l'église. Tous les disciples du premier siècle chrétien étaient au courant des missions que Jésus avait lancées en envoyant Ses disciples deux à deux. Ceux-ci ne devaient prendre *ni provision pour la route, ni monnaie, ni pain mais seulement un bâton* (**Marc 6:8**). Après la crucifixion du Seigneur, cette pratique fut maintenue par les disciples ; elle reste d'actualité aujourd'hui, près de deux mille ans après, malgré la modernisation du monde. Il n'appartient donc pas à un disciple d'exiger qu'une église finance sa mission. Le disciple doit avoir la foi pour la mission que le Seigneur lui confie. Le fait pour le Seigneur d'avoir envoyé Ses disciples, en leur interdisant de prendre des provisions, revenait à leur montrer que Lui, le Seigneur, était toujours avec eux, et qu'ils devaient avoir foi en Lui.

La question du ministère à temps partiel ou à temps plein ne saurait réellement se poser à un disciple du Christ. Le temps partiel ou le temps plein n'est ni un critère de sainteté, ni un critère de consécration du disciple. Il appartient au ministre/missionnaire de voir ce qui convient le mieux pour sa mission. L'apôtre Paul décida de travailler comme tisseur de tantes lors de son séjour à Corinthe. Ce travail fut rendu nécessaire parce qu'il ne voulait pas recevoir des contributions volontaires des églises de Corinthe, bien que la loi de Dieu l'y autorisât (**1 Corinthiens 9:15**). Cependant, il recevait des contributions volontaires des églises d'autres localités (**Philippiens 4:15**). Son refus des contributions des églises Corinthiennes met surtout en lumière la liberté dont dispose le Seigneur pour nourrir Son serviteur et le protéger des tentations multiples du diable dont la cupidité n'est pas le moindre défaut. Le diable excelle dans les questions d'argent, depuis l'époque où, astre brillant, il faisait le commerce au ciel. Nous noterons que, dans sa seconde épître aux Corinthiens, Paul annonce qu'il passera récupérer la contribution des Corinthiens en faveur des disciples de Jérusalem, durement touchés par la famine. Le refus ci-dessus n'avait donc rien à voir avec un certain orgueil de l'apôtre à l'égard des Corinthiens. L'apôtre affichait juste son option de vie parmi tant d'autres, soulignant que cette privation volontaire rehaussait son zèle à la gloire de Dieu.

Ainsi celui qui travaille pour le Seigneur, parallèlement à un travail séculier (fonctionnaire, privé, commerçant), fait bien. Celui qui exerce un ministère à temps plein, sans autre source de revenus réguliers, fait aussi bien. Le Seigneur est glorifié par l'un comme par l'autre. Ce sont juste des questions de préférence dans le mode d'accomplissement de la mission confiée au disciple par Dieu. Ces questions ne relèvent ni de la consécration du disciple, ni de la finalité spirituelle de la mission. Ce sont des détails ou commodités relatives aux circonstances de la mission. Le Seigneur n'a pas confié à tous Ses disciples un égal nombre de talents à fructifier (**Matthieu 25:14-30**). L'on ne devrait donc pas juger le service d'un disciple à travers les aléas et les commodités qui le caractérisent, mais uniquement à travers les talents qu'il a reçus de Christ à Qui il devra rendre des comptes. Or qui connaît le nombre de talents que le Maître lui a confiés si ce n'est le Maître seul ?

Nous devons préciser que dans un ministère à temps partiel, même si le travail séculier, fait pour les patrons selon le monde, doit être parfaitement exécuté, la priorité des priorités, dans la vie du disciple, est la bonne gestion des talents que le Seigneur lui a confiés. Le disciple doit y mettre tout son cœur et son énergie. S'il y a un travail qui doit rester, en définitive, c'est la mission du Seigneur qui l'emportera. Le disciple ne vit plus pour le monde, ni pour lui-même, mais pour Dieu en Jésus-Christ.

C'est le lieu de lever un autre gros mystère dans l'église : tout disciple du Christ, quel que soit le travail qu'il effectue dans le monde (fonctionnaire, privé ou autre), doit considérer son travail comme fait pour la gloire de Dieu. En attendant la révélation de son don, ministère ou mission, il doit prendre ce travail très au sérieux et le considérer comme une mission divine même si le bénéficiaire est le monde. Car tous les revenus d'un disciple du Christ, dès sa conversion, sont réputés provenir du Seigneur, et rien que Lui, malgré une fiche de paie signée par les patrons selon le monde. Le Seigneur demande que Son disciple considère son patron selon le monde comme Lui-même, selon qu'il est écrit :

> «*Serviteurs, **obéissez à vos maîtres selon la chair avec crainte et tremblement, dans la simplicité de votre cœur, comme au Christ** ; et cela non seulement sous leurs yeux, comme pour plaire aux hommes, mais **comme des serviteurs de Christ, qui font de toute leur âme la volonté de Dieu. Servez-les de bon gré comme si vous serviez le Seigneur et non les hommes**, sachant que chacun, esclave ou libre, recueillera du Seigneur selon le bien qu'il aura fait*» (**Ephésiens 6:5-8 ; Colossiens 3:22-24**).

Le Seigneur connaît donc le salaire que le disciple perçoit de son travail. Le disciple doit considérer sa rémunération comme venant de Dieu, et ne pas importuner son patron selon le monde avec des requêtes salariales intempestives comme font les païens. Dieu sait ce que ce disciple mérite. Il est aussi au courant des injustices dont le disciple est victime au travail. Ce dernier doit garder une attitude de patience envers le Seigneur car il est, avant tout, serviteur du Christ via son patron selon le monde.

La qualité du travail effectué par le disciple envers son patron selon le monde, préfigure déjà le travail qu'il fera pour Dieu qu'il ne voit pas. C'est pourquoi, le travail fait en faveur des maîtres selon le monde est de la plus haute importance. Si un disciple sert ce patron avec désinvolture et négligence, qu'il ne se berce pas d'illusion sur la qualité de son travail pour le Seigneur. Ce travail est tout aussi mauvais. Un mauvais travailleur reste un mauvais travailleur, qu'il travaille pour un patron selon le monde ou pour le Seigneur Jésus-Christ. Celui qui fait négligemment le travail de son patron selon le monde, tout en offrant au Seigneur sa pleine disponibilité, est semblable à celui qui vient offrir son sacrifice au Seigneur tout en ayant un contentieux avec son frère. Le Seigneur lui dira de se repentir d'abord du mauvais travail rendu à son patron selon le monde avant de reconsidérer sa mission pour le Seigneur (**Matthieu 5:24**). Il est erroné de penser que si le disciple ne fait pas bien son boulot parmi les hommes, alors il le réussira parmi les disciples de Christ. Souvenons-nous que des sacrificateurs étaient interdits d'exercer dans le temple de Jérusalem à cause de leurs déformations physiques. Ces mêmes déformations leur auraient valu un égal rejet des patrons selon le monde. L'Eternel ne souhaitait donc pas faire de Son temple, un point de chute pour sacrificateur au rabais. De même, le disciple ne doit pas croire que, s'il est mauvais dans son lieu de service, il sera un bon serviteur de Dieu. Un bel exemple d'un serviteur de Dieu, n'ayant pas de ministère médiatisé, travaillant pour Dieu et pour un patron selon le monde, nous est servi par Daniel selon qu'il est écrit : «*Moi, Daniel, je fus plusieurs jours affaibli et malade ; **puis je me levai et m'occupai des affaires du roi**. J'étais dans la stupeur à cause de la vision et ne la comprenais point*» (**Daniel 8:27**). Daniel était un des jeunes déportés de Juda dans le royaume de Babylone. Il fut sélectionné avec trois de ses amis pour servir à la cour royale en raison de son intelligence. Il avait un ministère d'intercession qui l'amenait à prier trois fois par jour afin de supplier l'Eternel de revenir sur Sa colère envers Israël. Ce travail d'intercession ne l'empêchait pas de servir le roi. Il eut à servir, comme conseiller, plusieurs rois successifs, de Neboukadnetsar à Darius, en passant par Cyrus, avec des états de service tellement appréciés qu'il fut promu troisième personnage de l'état (**Daniel 5:29**).

Enfin, nous devons exhorter les disciples, au nom de Jésus-Christ qui, seul, a reçu un nom au-dessus de tout nom, a été souverainement élevé comme Chef de l'église, **à ne jamais, et à grand jamais, transformer leur mission (ministère) en église locale**. Le risque d'étendre son rôle de chef de mission à celui de chef de l'église locale est si élevé que cela arrivera forcément. Il sera alors sous la malédiction du diable qui voulut élever son trône au-dessus des étoiles de Dieu pour égaler le Très-Haut. Quand bien même les circonstances pourraient paraître favorables, le disciple du Seigneur est exhorté à ne jamais franchir ce pas, et à rappeler à ceux qui l'entourent que sa mission concourt à l'édification commune sans être une église. Il doit éviter de rentrer dans la confusion qui règne au dehors.

- L'importance des collaborateurs-assistants dans les ministères et missions

Le rôle de collaborateur est très important aux yeux de Dieu. L'apôtre Paul avait de nombreux collaborateurs dont les plus connus étaient Jean-Marc, Luc, Théophile, Timothée, Tite, Philémon. Ce rôle est particulièrement regardé par le Seigneur car il permet de réveiller l'intérêt de l'assistant pour les missions qu'il pourra effectuer demain, en l'absence du titulaire. On sait à quel point Timothée, Tite et Philémon furent précieux lorsque Paul était en prison, sans compter Jean-Marc et Luc. On sait comment Josué paracheva la mission de Moïse après la mort de ce dernier. On sait aussi comment Elisée remplaça le prophète Elie après son enlèvement. Devenir directement ministre titulaire, sans passer par la collaboration et l'assistance, n'est pas toujours aisé. De tels cas sont d'ailleurs rares dans l'histoire du salut. S'agissant des premiers apôtres,

Jésus était le Maître qui les parrainait au quotidien. Les premiers disciples ne furent donc pas titulaires tout de suite, puisque le Seigneur Jésus les parraina pendant trois années pleines. Paul et Barnabas démarrèrent leurs ministères d'apôtres en formant assez longuement un duo de prédicateurs avant de se séparer. Le travail en duo autorise un parrainage réciproque pour limiter les erreurs individuelles. Le travail du collaborateur est facilité dans la mesure où, tout ce qu'il a à faire, c'est d'obéir aux instructions du titulaire qui exerce l'autorité pleine sur la mission. Les lettres de Paul à Timothée, Tite et Philémon n'étaient pas des appels à la réflexion ou au débat sur des points de préoccupation. C'était des instructions précises, venant du chef de mission. Ces instructions devaient être exécutées à la lettre. L'absence de fidélité à ce niveau est périlleuse. Le premier serviteur du prophète Elisée, Guéhazi, fut frappé de lèpre pour avoir désobéi à son maître dans l'affaire du chef d'armée syrien, Naaman le lépreux (**2 Rois 5**).

Un collaborateur qui désire réussir sa mission, en tant que ministre plein, se doit de réussir son parcours d'assistant du ministre titulaire auprès de qui le Seigneur l'a placé. Très souvent, aussi bien dans l'Ancien et le Nouveau Testaments, c'est le titulaire qui installe le collaborateur dans la succession, comme gage de sa fidélité. Moïse installa Josué. Elie installa Elisée. Paul installa Timothée, Tite et Philémon, etc.

Le système titulaire/collaborateur est d'une grande efficacité dans l'expansion de l'église du Seigneur. Il nous faut signaler que la réussite de ce système s'appuie sur des liens très forts entre le titulaire, chef de mission, et le collaborateur-assistant. Le titulaire doit jouer un rôle majeur dans la formation du collaborateur. Il doit tenir le rôle de père spirituel auprès du collaborateur. Dieu ne tolèrera pas de désobéissance de la part du collaborateur. La sélection du collaborateur ne peut prendre la forme d'un appel ouvert à recrutement. Le titulaire sait où trouver son collaborateur. Le futur collaborateur est un disciple que le Seigneur confie au ministre titulaire qui lui tiendra lieu de père. Moïse reçut la mission de libérer les israélites de la servitude égyptienne. Aaron fut son premier collaborateur dans cette mission. Dieu permit à Moïse d'exercer des miracles devant Aaron. Dieu lui dit par ailleurs qu'il tiendrait la place de Dieu auprès d'Aaron (**Exode 4:16**). Aaron ne pouvait que se soumettre à l'autorité de Moïse. Josué fut le second collaborateur de Moïse. Il fut témoin des signes redoutables que Dieu fit par l'intermédiaire de Moïse. Cela le forçait à s'incliner devant Moïse. Sa collaboration fut si parfaite qu'il succéda à Moïse. Paul eut Timothée comme très proche collaborateur. C'est Paul qui le convertit et le baptisa. C'est donc auprès de Paul qu'il fit ses premiers pas de disciple. La confiance régnait et Timothée pouvait se soumettre parfaitement à l'autorité de Paul. Il est donc très important que les rapports entre un ministre et son collaborateur soient tangibles, et non purement professionnels car le Seigneur tient à la fidélité du collaborateur envers le ministre. Pas seulement une obéissance professionnelle, mais une soumission de fils à père.

Le système ministre titulaire/collaborateur-assistant est très utile dans la communication des ordres de Dieu dans Son église. Les apôtres, en demandant aux disciples de se soumettre les uns aux autres, comptaient sur cette relation pour accroître l'église et contenir les manigances du diable. Il est triste que, dans les églises des temps modernes, on lance des appels aux volontaires pour exécuter des tâches ecclésiastiques. Cela traduit, soit l'ignorance de la liberté de l'Esprit, soit la méconnaissance que les disciples ont les uns des autres. Pense-t-on que le Seigneur, la veille de Son départ, ait pu demander aux disciples, lequel d'entre eux était volontaire pour accueillir sa dernière pâques ? Lequel était volontaire pour Lui offrir une ânesse et le petit de l'âne pour son entrée triomphale à Jérusalem ? Jésus désigna Lui-même les endroits où l'on devait trouver ces choses. Loin de nous l'idée de soutenir un comportement dictatorial au sein de la communauté des disciples du Seigneur. Nous pensons que dans une église spirituelle, on sait sans beaucoup d'hésitation, qui parmi les disciples pourrait effectuer telles tâches pour l'utilité commune. Si tel n'est pas le cas, les dirigeants de l'église devraient faire plus pour que les disciples se connaissent mieux, sous la conduite de l'Esprit. La modernité n'empêche pas les liens tangibles que le Christ veut voir parmi Ses disciples.

Dans la pratique, un collaborateur voit sa sanctification s'améliorer grâce à l'action du ministre titulaire. Il faut éviter ceux qui s'attachent parce qu'ils sont attirés par le clinquant ou d'autres attributs selon le monde : position sociale, nationalité, race, apparence, posture, etc. Le ministre doit avoir le discernement pour identifier le bon grain de l'ivraie. L'attachement du collaborateur au Seigneur, à Sa parole, à Sa justice et à la vérité doit être avéré. Le danger de prendre un collaborateur, sur la seule base de la chair, est qu'on pourrait regretter son choix. Jésus choisit Lui-même Ses disciples. Il écarta plusieurs parmi ceux qui demandèrent à aller avec Lui, alors qu'humainement parlant, cela ne se refuse pas. Il est toutefois possible, et c'est très répandu, d'amener un disciple à apprécier le rôle de collaborateur. Cela ne résulte pas forcément d'une demande formelle du titulaire au collaborateur, à moins que l'on ait reçu une révélation prophétique. Jésus étant le Seigneur, il pouvait demander directement à un disciple de Le suivre. Dans le cas titulaire/collaborateur, la collaboration peut s'établir naturellement selon une alchimie entre les deux partenaires comme la vie sait en créer. Par exemple, le Seigneur peut amener le ministre à jouer un rôle de premier plan dans la vie du collaborateur qui, à son tour, comprendra que sa place est auprès du ministre titulaire.

Enfin, quoiqu'il arrive, le collaborateur ne sera jamais coresponsable de la mission en présence du titulaire. Le collaborateur est tenu de suivre les instructions du ministre, du vivant de celui-ci. Le ministère n'est pas une église où la vie du Seigneur est directement répandue sur tous les membres du corps du Christ telle la pluie. Car l'église manifeste la vie collective du Seigneur, tandis que le ministère est un outil, un entonnoir par lequel le Seigneur manifeste Sa vie collective pour l'édification commune. Cet outil est confié à un disciple particulier appelé ministre pour la cause. Les collaborateurs sont donc astreints à suivre les instructions du ministre, seul responsable de cet outil devant le Seigneur.

Que le Seigneur bénisse les collaborateurs et les rende loyaux et fidèles à leurs maîtres en tout point !

Le disciple et son pain quotidien : sa prise en charge par le Seigneur

> **«*Ne vous inquiétez donc pas, en disant : Que mangerons-nous ? Ou : Que boirons-nous ? Ou : De quoi serons-nous vêtus ? Car cela, ce sont les païens qui le recherchent. Or votre Père céleste sait que vous en avez besoin. Cherchez premièrement Son royaume et Sa justice, et tout cela vous sera donné par–dessus. Ne vous inquiétez donc pas du lendemain car le lendemain s'inquiétera de lui–même. A chaque jour suffit sa peine*»** (Matthieu 6:31-34).

Nous devons à la vérité de dire que Jésus-Christ est arrivé longtemps après le premier homme, Adam. Avant la venue de Jésus-Christ, il y a près de deux mille ans, les hommes avaient déjà appris à se nourrir par eux-mêmes et à se prendre en charge. On pourrait donc s'interroger sur les raisons de ce chapitre. Il est fondamental pour deux raisons. La première repose sur l'adage, bien connu des hommes, qui dit que *celui qui paie décide*. La seconde est liée à la promesse de Jésus-Christ de nourrir Ses disciples comme dans les versets ci-dessus.

- ## Celui qui paie décide

L'homme est habitué à se soumettre à quiconque le nourrit. Les esclaves sont soumis à leurs maîtres pour cette raison. Les travailleurs sont soumis à leurs patrons pour le salaire promis. En fait, qui ne paie pas, ne peut ni commander, ni décider. Comment le Seigneur Jésus-Christ maintiendra-t-Il Sa seigneurie et Son autorité sur le disciple si le pain quotidien de ce dernier venait à Lui échapper ? Laisser cette question sans réponse, c'est affaiblir Son autorité sur le disciple. Le Seigneur Jésus-Christ, Chef de l'homme selon la hiérarchie de l'univers, ne peut pas laisser ce problème sans solution. C'est donc la raison de Son message aux disciples afin que ces derniers ne se retirent pas de Lui. Si le Seigneur avait laissé un tel vide, l'ennemi aurait occupé le terrain et serait devenu, à la longue, le véritable maître de l'homme, païens et chrétiens compris. Les hommes ne sont pas dupes. Ils rendent tous honneur et fidélité à quiconque les nourrit. C'est ainsi que les dynasties royales se sont forgées des noms de familles. C'est parce que le patriarche de cette famille avait, par le passé, assuré de sa protection les hommes, les femmes et les biens de la cité.

- **Le Christ est Celui-là seul qui nourrit Ses disciples**

Le principe ci-dessus étant rappelé et bien compris, nous devons déclarer que le disciple ne peut plus avoir, sur la terre, d'autre pourvoyeur que le Seigneur Jésus-Christ. Le disciple doit désormais se mettre en tête que Son unique pourvoyeur de pain quotidien, sur la terre des hommes, est le Seigneur. Le disciple est un privilégié de Dieu, un héritier de la grâce, cohéritier avec Christ sur le Trône de Dieu, un être cher dans l'esprit duquel demeure le Saint-Esprit, le Dieu véritable. Dès l'instant où il est devenu disciple de Christ, il a basculé du monde des ténèbres au monde de la lumière selon qu'il est écrit «*Il (Dieu) nous a délivrés du pouvoir des ténèbres et nous a transportés dans le royaume de son Fils bien–aimé*» (**Colossiens 1:13**). Dieu ne pouvait pas laisser la question du pain quotidien du disciple en suspens. Il ne pouvait pas laisser le disciple à la merci de l'inconnu s'agissant de son pain quotidien, du vêtir et du loger. Le Seigneur prend vraiment à cœur cette question dans la vie de Ses disciples.

Désormais, le disciple mène une vie de sanctification où rien n'échappe au Seigneur. Le Seigneur veillera à ce que le pain quotidien de Son disciple soit assuré. Le disciple ne doit donc pas être surpris de constater que le Seigneur Se mêle de sa vie par rapport à cette question fondamentale. Beaucoup de disciples servant le Seigneur dans le monde, ont témoigné de la main favorable et déterminante du Seigneur dans leur façon de se nourrir. Dès la conversion et le baptême du disciple, il n'existe pas un délai probatoire entre sa dépendance au monde qu'il vient de quitter, et sa dépendance au Seigneur qu'il vient de rejoindre. C'est tout de suite que le disciple doit prendre conscience de son nouveau statut.

Concrètement, c'est très difficile, nous en convenons, mais la réalité est que le Seigneur ne peut laisser cette question sans réponse car le monde ne manquera pas de faire pression sur le disciple pour qu'il abandonne sa foi. Le disciple doit se mettre en tête qu'en cas de bras de fer avec le monde, pouvant aller jusqu'à son licenciement du boulot, Jésus-Christ prendra soin de lui. Nul besoin d'imaginer le comment cela se fera. Le Seigneur seul sait comment Il procèdera.

Parlant du comment, beaucoup croient que dépendre complètement de Dieu, pour le manger et le boire, signifie travailler pour Dieu à plein temps. Cette perception des choses est complètement erronée. Il est vrai que des groupes de disciples, selon leur vocation céleste, ont matérialisé leur attachement au Seigneur en exerçant des activités ecclésiastiques à plein temps. Cette disposition est spécifique à ces disciples-là, mais ne peut être généralisée à l'ensemble des disciples du Christ. La parole de Dieu fait bien allusion à la possibilité de faire des vœux spécifiques à Dieu, pouvant affecter les biens terrestres, le temps de travail et bien d'autres acquis de l'existence. Mais un tel vœu relève du choix personnel de ce disciple. Il n'est pas autorisé à faire de sa vocation spécifique, un courant qui divisera les disciples du Christ entre les adeptes de ce courant religieux et les autres. Il est dommage que les églises n'aient pas suffisamment fait attention à ces sources de division au point qu'il s'y trouve des disciples plus engagés, qui portent le fardeau, et les autres qui se contentent de faire acte de présence les jours de réunion. Certaines dispositions spécifiques de la vie d'un disciple n'ont souvent qu'une valeur de vertu sans pour autant concourir à la sainteté. La parole de Dieu le dit à plusieurs reprises. L'apôtre Paul, lui-même, n'a pas fait de ses dispositions personnelles un modèle standard tel que le fait de ne pas se marier, par exemple. Selon les circonstances, il pouvait travailler comme tisseur de tantes pour son pain quotidien ou dépendre totalement des contributions venant d'ailleurs. Il adressera par ailleurs des avertissements sérieux, tantôt aux disciples qui prêchaient de ne pas se marier, tantôt aux disciples qui ne voulaient pas travailler, mais vivre au crochet des églises.

Que le disciple soit à la disposition du Seigneur à plein temps ou à temps partiel, ou exerce une activité salariée selon le monde, il doit imputer sa rémunération au Seigneur Dieu. C'est Dieu qui Se sert de son patron pour lui assurer son pain quotidien. Dieu en connaît le montant qu'Il peut changer à Sa guise, dans un sens comme dans l'autre, voire mettre fin à son travail dans une entreprise. Le travail d'un disciple de Christ, chez un patron selon le monde, doit être considéré comme un travail fait pour Dieu. Car ce travail est sanctifié par le disciple. Ce travail concourt à sa nourriture qui est une préoccupation majeure du Seigneur : prendre en charge le disciple. Il est donc périlleux, pour le disciple, de négliger le travail chez un patron selon le monde sous prétexte que ce travail ne sert pas Dieu ou, que ses collègues sont des païens. Le Seigneur a les yeux partout. Mieux encore, Il tient à ce que tout travail fait chez le patron selon le monde soit exécuté à la perfection. En effet, tous les disciples savent se montrer généreux dans l'église et exhiber leur sainteté devant les autres car, selon la majorité des disciples, Dieu voit tout ce qui se passe dans l'église. Eh bien Dieu connaît cette pensée charnelle des disciples ! Il voudra donc apprécier ce disciple chez son patron selon le monde, lorsque d'autres disciples n'ont pas le regard rivé sur lui. S'il est négligent selon le monde et sérieux devant l'église, il ne sera pas agréé par le Seigneur à cause de son hypocrisie. Le Seigneur a dit par ailleurs : «*Que votre lumière brille ainsi devant les hommes, afin qu'ils voient vos œuvres bonnes, et glorifient votre Père qui est dans les cieux*» (**Matthieu 5:16**). Le disciple ne peut donc négliger un travail fait selon le monde de peur de jeter le discrédit sur le Père qui est aux cieux.

Nous récapitulons en disant qu'une fois qu'une personne est née de nouveau, comme disciple du Christ, il dépend exclusivement de Dieu pour son pain quotidien, le manger et le boire, même si, pour ce faire, le Seigneur peut utiliser différents moyens tels que : le boulot selon le monde ou les contributions volontaires. La question n'étant pas de savoir comment le Seigneur procédera, mais de fixer le regard sur le Christ qui a dit ces choses avec assurance selon qu'il est écrit : «*Ne vous inquiétez donc pas du lendemain car le lendemain s'inquiétera de lui–même. A chaque jour suffit sa peine*» (**Matthieu 6:31-34**).

Le disciple de Jésus-Christ doit attacher une grande importance à la question de sa prise en charge car ce domaine est celui où l'on enregistre le plus grand nombre d'actes de corruption. Il est très facile d'acheter les âmes de ceux qui dépendent des autres pour leur survie, comme il est facile à une âme de se vendre à celui qui la nourrit. Le disciple doit donc comprendre que son âme, si chère à Dieu, ne peut et ne pourra jamais appartenir à quelqu'un d'autre que Dieu. L'âme du disciple de Jésus-Christ est très chère à Dieu autant que recherchée par le diable. Le diable apprécierait beaucoup d'avoir à son service une âme sauvée par le Seigneur. Pourquoi ? D'abord pour se vanter auprès de Dieu d'avoir des fils de lumière à son service, mangeant dans sa main. Ensuite parce que les disciples ont des bénédictions que le diable espère récupérer, lui qui n'est que cendre. Quoi de plus beau, pour lui, que de mettre la main sur des biens sanctifiés ! C'est pour lui une première étape dans le but de prendre la place de ce disciple au ciel, dans le siècle à venir, autant que cela soit possible. C'est pourquoi, la source de revenus d'un disciple de Jésus-Christ doit absolument sanctifier le Seigneur. Un disciple qui néglige la sanctification de ses ressources sera très vite ciblé par le diable qui fera tout pour le compromettre. Quelle joie pour le diable s'il pouvait clamer à qui veut l'entendre qu'il nourrit les chrétiens ! Une négligence du disciple sur la sanctification de ses ressources l'amènera à blasphémer le nom glorieux du Seigneur. Dans la pratique, il est impossible que ces épreuves n'arrivent pas. Les disciples seront parfois confrontés à des menaces sur leur emploi, leur carrière et leur promotion sociale. A la question *«que vais-je devenir si je perds ce boulot ?»* Le Seigneur répond : *«Ne vous inquiétez de rien, ni de ce que vous mangerez ni de quoi vous serez vêtus. A chaque jour suffit sa peine. Le lendemain s'inquiétera de lui-même».* Enfin le disciple, en difficulté, ne doit jamais indiquer, par une posture extérieure (air malheureux, habits en lambeaux, démarche hésitante, etc.), qu'il est en difficulté et a besoin d'aide. **Le disciple de Jésus-Christ n'est pas un mendiant**. Dieu sait tout de ce disciple, quand il sort et quand il rentre, quand il dort et quand il se réveille, quand il rit et quand il pleure. Il sait tout ce qu'il possède dans son grenier. Le Seigneur saura intervenir en temps opportun. C'est dur mais il faut y croire et le Seigneur confirmera Lui-même Sa parole. Le Seigneur sait que le disciple est la lumière du monde. Il ne fera rien de contradictoire.

Eviter les polémiques et les disputes de mots

> «*Voilà ce que tu dois rappeler, en adjurant devant Dieu* **qu'on évite les disputes de mots qui ne servent à rien**, *sinon à la ruine de ceux qui écoutent*» **2 Timothée 2:14**.

> «*Pour vous, l'onction que vous avez reçue de Lui demeure en vous, et vous n'avez pas besoin qu'on vous enseigne ; mais comme Son onction vous enseigne toutes choses, qu'elle est véritable et qu'elle n'est pas un mensonge, demeurez en Lui comme elle vous l'a enseigné*» **1 Jean 2:27**.

Après la conversion, la découverte des saintes Ecritures procurera au disciple une grosse envie de parler devant les incrédules selon qu'il est écrit : *J'ai cru, c'est pourquoi j'ai parlé* (**2 Corinthiens 4:13**). Mais l'Esprit interdit formellement les polémiques et les disputes de mot. Un disciple du Christ s'édifie en silence par une lecture assidue de la parole de Dieu et sa fréquentation des lieux de culte, des études bibliques et d'autres réunions chrétiennes telles que : colloques, séminaires, échanges, conventions, ateliers, etc. Le disciple doit faire confiance à l'onction qu'il a reçue (**1 Jean 2:27**). Cette onction est une sentinelle qui réagit positivement par l'enthousiasme et la paix intérieure, ou négativement par l'objection permanente instillée dans l'intelligence. On ne devrait pas la contrarier. Les polémiques et disputes dénotent, soit l'indiscipline, soit l'absence d'onction (Esprit Saint). Bien qu'il soit difficile, au premier regard, de distinguer ceux qui ont l'Esprit Saint des autres, le disciple doit garder quelque part, en mémoire, que des hommes spirituellement morts peuvent être présents dans une assemblée. Ces gens dépourvus de vie spirituelle ont une intelligence obscurcie qui tente d'appréhender les vérités de Dieu selon le monde et son intelligence obscurcie. L'Ecriture dit que seul l'Esprit peut saisir les choses de l'Esprit, chose impossible à l'esprit humain qui ne peut saisir que ce qui est de la chair.

Les disputes épuisent et font perdre de l'énergie et de la puissance spirituelle. Sortir d'une discussion houleuse est très épuisant pour le corps humain. Tous les apôtres ont conseillé d'éviter ces polémiques et disputes stériles dont le monde est coutumier.

Le disciple, nouveau ou ancien converti, est invité à les éviter. L'apôtre Paul en faisait la remarque à son collaborateur Timothée en ces termes :

> «*Voilà ce que tu dois rappeler, en adjurant devant Dieu **qu'on évite les disputes de mots qui ne servent à rien**, sinon à la ruine de ceux qui écoutent*» (**2 Timothée 2:14**).

Lire la Bible et s'attacher à la parole de Dieu

La Bible – Ecritures – est le livre par excellence des disciples du Christ. Un disciple de Jésus-Christ devrait l'avoir à son chevet, non pour effrayer les mauvais esprits – qui s'en moquent bien –, mais comme un ouvrage à consulter régulièrement, pour se nourrir, se rappeler les propos du Seigneur Jésus-Christ ou vérifier les déclarations imputées au Seigneur lors des réunions. Il est recommandé de se munir de la Bible lorsqu'on va à une réunion ou un lieu de culte afin de lire, en même temps que le prédicateur, les saintes Ecritures auxquelles il se référera. Une telle lecture parallèle aidera le disciple à se décomplexer par rapport à la chose religieuse et à l'atmosphère de solennité que les religieux affectionnent. La parole de Dieu est un livre ouvert à tous. La seule gêne qu'on peut ressentir concerne la vérité qui blesse. Il est bien que la vérité blesse car une vérité blessante appelle à mieux se sanctifier.

- Etant l'épée de l'Esprit, la parole de Dieu est un puissant carburant de la vie chrétienne

> «*Prenez aussi le casque du salut, et **l'épée de l'Esprit, qui est la parole de Dieu***» **Ephésiens 6:17**.

> «*Et ces paroles que Je te donne aujourd'hui **seront dans ton cœur**. Tu les inculqueras à tes fils et tu en parleras quand tu seras dans ta maison, quand tu iras en voyage, quand tu te coucheras et quand tu te lèveras. **Tu les lieras comme un signe sur ta main, et elles seront comme des fronteaux entre tes yeux. Tu les écriras sur les poteaux de ta maison et sur tes portes**»* **Deutéronome 6:6-9**.

Le Saint-Esprit ne sera pas efficace dans la vie d'un chrétien qui ne dévore pas les Ecritures. C'est comme un véhicule sans carburant. Le véhicule ne roulera pas. C'est comme un téléphone sans tonalité. Il ne portera pas de voix.

De nombreux chrétiens expriment souvent leur manque d'intérêt pour les Ecritures. Ils évoquent plusieurs raisons. Deux informations-clés méritent une attention : (i) l'âme de l'homme a un penchant pour la rébellion. C'est-à-dire que, sans une discipline contraignante, il ne faut pas s'attendre à ce que l'âme encourage le chrétien à lire les Ecritures ; (ii) sans connaissance des saintes Ecritures, le Saint-Esprit manquera de carburant pour fonctionner correctement. On peut parfaitement ressentir le toucher intérieure de l'Esprit – onguent –, mais sans l'aide des Ecritures, il sera difficile de coller un visage à cet onguent.

Comme rappelé dans **Deutéronome 6:6-9** ci-dessus, le chrétien est appelé à dévorer les Ecritures, à remplir sa vie des Ecritures. C'est ainsi que le Saint-Esprit mettra toujours une parole de connaissance et de sagesse dans son intelligence, en toute occasion favorable ou non. Le prophète avait promis que Dieu inscrirait Sa Loi sur les cœurs et non plus sur les tables de pierres du Mont Sinaï. C'est le Saint-Esprit, présent dans l'esprit du chrétien, qui représente cette Loi. L'Ecriture établit parfaitement que l'Esprit du Seigneur est aussi une Loi : la *Loi de l'Esprit de vie* en Jésus-Christ (**Romains 8:2**). C'est cette Loi qui réagira dans les circonstances de vie du chrétien. A condition que le chrétien fasse son lit dans les saintes Ecritures.

Il arrivera bien souvent que le chrétien ressente un toucher intérieur – onguent – sans être capable de coller un visage à ce toucher. C'est petit à petit que l'Esprit arrêtera l'intelligence du chrétien sur un passage des Ecritures enregistrées dans sa mémoire. Mais si le chrétien ne possède pas ces Ecritures, il s'en tiendra uniquement au toucher perçu, sans plus. Ce qui pourrait être handicapant. On dit de ce chrétien qu'il est un prophète *voyant* et non un prophète *enseignant*. Il voit mais n'explique pas. Il n'aide pas beaucoup les autres.

Supposons que le Seigneur n'approuve pas une prédication. L'irritation sera évidemment ressentie dans l'esprit du chrétien – siège du Saint-Esprit. Mais sans une connaissance des Ecritures, il ne pourra pas démonter les mensonges dans les propos du prédicateur. Souvenons-nous de la tentation de Jésus par le diable. Le diable cita les Ecritures pour manipuler le Seigneur. Mais le Seigneur invoqua aussi les Ecritures pour contrer le diable. Il ne suffit pas d'être irrité dans son esprit à cause d'une prédication pernicieuse. Il faut la démonter point par point pour être soulagé. Le drame est que les prédications sont toujours enregistrées dans la mémoire de celui qui écoute. Ces prédications reviennent donc en boucle dans la mémoire du chrétien. Si ces prédications sont du Seigneur, le chrétien en tirera avantage. Dans le cas contraire, il sera confus. Mais comment le chrétien démontera-t-il une prédication pernicieuse s'il ne maîtrise pas les Ecritures ? Comme Jésus le fit contre le tentateur, seul le rappel des Ecritures peut constituer un rempart solide contre de telles manipulations.

• Contraindre l'âme à lire les Ecritures

N'oublions pas que c'est dans notre esprit, et non dans l'âme, que siège le Saint-Esprit à la régénération du chrétien. L'âme du chrétien ne reçoit pas le Saint-Esprit. Comme l'intelligence et la volonté, l'âme a besoin d'être renouvelée. Le roi David sommait déjà son âme de louer l'Eternel. En voici quelques extraits en rapport avec cet illustre prophète et chantre :

> «*Que mon âme se glorifie en l'Éternel !*» (**Psaumes 34:2/34-3**).

> «*Pourquoi t'abats-tu, mon âme, et gémis-tu sur moi ? **Attends-toi à Dieu**, car je Le célébrerai encore pour Son salut*» (**Psaumes 42:5/42-6**).

> «*Réveille-toi, mon âme ! Réveille-toi, mon luth ainsi que ma harpe ! Je réveillerai l'aurore*» (**Psaumes 57:8/57-9**).

> «*Oui, **mon âme, fais silence devant Dieu !** Car de Lui vient mon espérance*» (**Psaumes 62:5/62-6**).

> «*Mon âme, bénis l'Éternel, et n'oublie aucun de Ses bienfaits !*» (**Psaumes 103:2**).

> «*Louez l'Éternel ! Mon âme, loue l'Éternel !*» (**Psaumes 146:1**).

Par ces propos, le chrétien est invité à ne pas céder à la paresse ni aux velléités de rébellion de l'âme. Par exemple, notre corps apprécie particulièrement de rester au lit le matin, sous une épaisse couverture bien chaude. Le chrétien doit alors sommer son âme de se lever pour remercier le Seigneur avant de débuter la journée.

Beaucoup de chrétiens pensent qu'en se soumettant à l'âme, ils percevront la volonté de l'Esprit qu'ils assimilent à ces moments où l'âme aspire à rencontrer Dieu. Il arrive aussi à notre âme de sentir le désir de spiritualité, malgré sa tendance générale à la rébellion. Mais si le chrétien s'en tient à ce libre arbitre de l'âme, il verra sa vie spirituelle décliner.

Comment lire les Ecritures ? De nombreux chrétiens ont du mal à lire les Ecritures car, disent-ils, elles sont volumineuses – soixante-six livres en moyenne. La meilleure manière de lire les Ecritures est simplement de les lire. Il est conseillé de suivre une discipline selon les dispositions de chacun. Personnellement, je recommanderais que chaque jour, un chrétien lise un ou deux chapitres, en prenant soin de bien marquer la fin du dernier chapitre lu, afin d'éviter des relectures et omissions. Un chapitre débuté doit absolument être terminé car le début d'un chapitre rappelle le contexte de la narration pour saisir toutes les nuances des versets. Il n'est pas conseillé d'interrompre un chapitre à mi lecture. Dans ce cas, à la prochaine lecture, il faudra reprendre le chapitre au début. J'ai l'habitude de lire jusqu'à ce que la page soit tournée – pour une Bible brochée. C'est ma discipline à moi : la fin de chapitre, après avoir tourné la page, est un bon indicateur de fin de lecture. Ainsi le jour suivant, la lecture commencera au premier chapitre débutant là où se trouve le marqueur de page. Grâce à cette discipline, je ne me trompe jamais sur les chapitres déjà lus et ceux à lire, et toute la Bible entière est dévorée en deux ou trois ans selon la conjoncture – expliquée plus bas. Puis un nouveau cycle recommence. C'est aussi la raison pour laquelle nous suggérons que la Bible soit parcourue dans l'ordre d'apparition des livres, de la Genèse à l'Apocalypse. Si un chrétien prend chaque jour un ou deux chapitres au hasard, il ne pourra pas maintenir une discipline rigoureuse ni savoir à quel niveau de lecture il se trouve. La stratégie ci-dessus doit être ajustée dans le cas d'une Bible numérique.

La mauvaise méthode consiste à dévorer de nombreux chapitres à la fois, excepté lors des vacances. Car il sera difficile de reproduire cette performance sur une base régulière. On risquera alors de nourrir le sentiment que la Bible est un livre difficile à lire. On repoussera la prochaine lecture à une date ultérieure. En revanche, une lecture par petites doses, selon le schéma ci-dessus, garantit au chrétien une nourriture spirituelle permanente, à la satisfaction du Seigneur. Il verra alors que sa lecture des Ecritures est très efficace, il aura avec le Seigneur des soupers permanents, très riches.

Avaler le lait quotidien de la Parole de Dieu. Nous insistons sur le fait qu'il faut lire les Ecritures par petites doses car c'est le lait quotidien du chrétien, avant de débuter sa journée. Nous recommandons qu'il n'y ait pas d'interruption de plus d'un jour. Habituellement, à la fin d'un livre, je m'accorde une journée de pause avant d'aborder le livre suivant. Nous recommandons de ne pas permettre plus d'une journée de pause, à moins de circonstances particulières. Le problème réside dans le fait qu'il est généralement difficile de se remotiver après une longue période sans lire les Ecritures ; car les mauvaises habitudes reviennent au galop. C'est donc une mauvaise idée de renvoyer la lecture des Ecritures aux vacances d'été. C'est comme priver un bébé de son lait quotidien en prévoyant qu'il aura largement le temps le weekend. La croissance de ce bébé s'en trouvera ralentie. Comme sera ralenti le progrès du chrétien qui ne maintient pas une discipline constante dans sa consommation des Ecritures.

Protéger sa lecture des perturbations du diable. Le moment de lecture des Ecritures est redouté et perturbé par le diable. Aussi conseillons-nous aux chrétiens de protéger leurs lectures pour éviter les multiples perturbations que l'ennemi sait provoquer : somnolence, fatigue, priorités soudaines. L'ennemi sait provoquer des besoins légitimes quand arrive le moment du Seigneur : l'enfant qui pleure, un coup de téléphone, une nécessité par-ci par-là. La protection se fait en priant le Seigneur de couvrir par le sang de Jésus le moment et l'endroit choisis pour lire et prier, de parer à toutes les attaques du diable pendant la lecture et la prière. Que le Seigneur protège vos pensées contre toute distraction positive. Si l'ennemi sait se cacher derrière des besoins légitimes, Dieu commande aux circonstances.

Utilité des autres livres chrétiens. Qu'en est-il des livres édités par les autres auteurs chrétiens ? Peut-on maintenir une lecture des Ecritures parallèlement à la lecture d'autres livres chrétiens ? Les ouvrages des saints contribuent à la nourriture spirituelle du chrétien, puisque ces ouvrages font régulièrement appel aux Ecritures par des références annotées. Ces ouvrages maintiennent donc le lait spirituel dont nous avons besoin sur une base quotidienne. Toutefois, si parallèlement à la lecture des autres ouvrages chrétiens, vous maintenez une lecture allégée des

Ecritures telle que, par exemple, un chapitre tous les deux jours, au lieu d'un tous les jours, alors ce sera parfait ; l'un n'exclut pas l'autre.

Dieu prend plaisir à voir Son enfant découvrir Sa Parole. Dieu est toujours ravi des moments où Ses enfants découvrent les Ecritures pour s'y conformer. Dieu suscitera donc une joie complète chez ceux qui en feront une habitude. Aussi remarque-t-on que celui qui aime lire, lira davantage ; non seulement la Bible, mais aussi d'autres ouvrages inspirés par Dieu. Tandis que celui qui ne lit pas les Ecritures, aura de plus en plus du mal à les lire. C'est comme la leçon enseignée par le Seigneur : *A celui qui possèdera, on ajoutera jusqu'à débordement ; mais à celui qui en manquera, on retirera même le peu qu'il (croit) possède(r).* Il faut donc prendre de bonnes habitudes et ne plus lâcher. Plus vous aimerez les Ecritures, plus Dieu aura du plaisir à vous révéler les nuances et les diamants qui s'y cachent. Le processus est long mais édifiant et constructif. Il s'agit de créer sa propre addiction à la Parole. Une telle addiction est de bon augure contrairement à d'autres addictions de la vie.

Mettre la Parole de Dieu en pratique. Jésus dit à Ses disciples : *Si vous savez cela, vous êtes heureux, **pourvu que vous le mettiez en pratique** (**Jean 13:17**).* Celui qui lit les Ecritures et ne les met pas en pratique, est semblable à celui qui voit dans un miroir une tache sur son visage et passe outre. Il conservera sa laideur devant les gens. Le Seigneur Dieu souhaite que Ses enfants ne se contentent pas de dévorer les Ecritures. Il tient aussi à ce qu'ils les mettent en pratique. C'est ainsi que Sa Parole s'enracinera vraiment dans la vie de Ses enfants. La mémorisation cérébrale, sans pratique, expose le chrétien à être un théologien du dimanche, qui ne comprend pas ce qu'il dit. Imaginez un médecin qui se contente de mémoriser les différents protocoles de soins, sans les mettre en pratique. Assurément, ce médecin ne pourra jamais soigner. Il est honnête d'avouer qu'il n'est pas facile de mettre la Parole de Dieu en pratique. C'est même impossible humainement parlant. Mais en disant qu'avec Lui, tout est possible, Jésus invite Ses chrétiens à Lui *confier le vouloir et le faire*, au lieu de raisonner en eux-mêmes sur les pour et les contre ; et ils verront comment la Parole de Dieu sera mise en œuvre avec succès, à travers eux, à la gloire de Dieu le Père.

Connaissez-vous un livre ancien que l'on continue de lire avec appétit plus de deux mille ans après ? Les Ecritures sont ce livre. Cela indique que la Bible est le livre de la vérité immuable de Dieu. Des livres anciens ont été abandonnés car leurs vérités n'ont pas passé l'épreuve du temps, les découvertes scientifiques, toujours plus nombreuses, rendant ces livres caduques. Le chrétien peut donc se fier aux révélations de la Bible.

Celui qui ne dévore pas les saintes Ecritures est semblable au salarié qui ignore le contrat dans lequel sont précisés ses droits et obligations. Il risque de se retrouver devant le juge et s'entendre dire qu'il ne remplit pas les conditions d'accès aux indemnités réclamées.

Celui qui ne dévore pas les saintes Ecritures est aussi semblable à l'héritier ignorant le capital décès auquel il a droit, héritage défini dans le testament qu'il ne prend pas la peine de lire.

Celui qui ne dévore pas les saintes Ecritures est encore semblable à celui qui se laisse frapper et marcher dessus. Il prend des gifles qu'il ne devrait pas. Il ne sait pas s'il devrait être frappé ou non, ni d'où doivent venir les coups, si les coups qu'il devrait rendre sont autorisés ou pas, à défaut de parer ceux de l'adversaire.

Celui qui dévore les saintes Ecritures, en revanche, est semblable à un homme avisé qui sait tout, comprend tout, anticipe tout, à la gloire de Dieu le Père.

> ***Grâce à une lecture soutenue des Ecritures***, le chrétien pourra décrypter les zones d'ombre de certaines traductions de la Bible et faire des ajustements appropriés.

- Histoire d'une veuve âgée et illettrée qui lisait la Bible

Ceci est l'histoire d'une sexagénaire, veuve et illettrée, qui lisait la Bible.

Il y a une quinzaine d'années, je rendais visite à une femme âgée, la soixantaine dépassée, que je connaissais comme n'ayant pas dépassé le cours d'initiation de l'enseignement primaire – CP1. L'histoire veut que son défunt mari, lui-même peu instruit, eût mis fin au programme d'alphabétisation que sa femme suivait, le jour où elle ramena une note de 10/10. Son mari prit peur qu'en poursuivant plus loin, sa femme n'embrassât une carrière de fonctionnaire pour se libérer de la tutelle d'un époux moins instruit.

Cette femme, devenue veuve, n'avait donc pas fait des études. Elle bredouillait, comme elle pouvait, un parler construit sur le tas, en écoutant les gens et la radio.

Ce qui retint mon attention, lors de cette visite, c'est la grosse Bible que je vis ouverte sur sa table, une Bible prise dans les affaires de son défunt mari. La sachant illettrée, je lui avouai ma surprise. Elle comprit aussitôt et m'informa qu'elle lisait bien la Bible. J'hurlai alors : Mais comment fais-tu alors que tu n'as jamais dépassé le CP1 ?!? Sa réponse fut qu'elle avait toujours été curieuse de savoir ce que pouvait contenir la vieille Bible trouvée dans les affaires de son mari, un mari qu'elle n'avait jamais surpris entrain de la lire, aussi loin qu'elle pouvait se souvenir. Elle m'avoua alors qu'au moment où son mari lui interdisait de poursuivre son cours d'alphabétisation pour adultes, elle avait déjà reçu les premiers rudiments sur la formation d'un mot : B-A-BA. Ainsi en combinant cette technique avec le parler familier et la radio, elle réussissait à identifier les mots de la

Bible et à comprendre les différentes narrations qui s'y trouvent. Elle se servait d'une paire de lunettes correctrices acquise pour la cause.

J'étais stupéfait par ce miracle apparent : Une femme âgée, illettrée, veuve, qui, à partir de matériaux rudimentaires, avait réussi à se forger un passage jusqu'à la Parole de Dieu, l'épée de l'Esprit. Alléluia !

Sur ce, je compris qu'à la fin des temps, cette veuve se lèvera pour juger ceux qui se seront réfugiés derrière leur illettrisme pour ne pas lire les Ecritures. Quelle pouvait bien être la force derrière le désir de cette femme de parcourir les saintes Ecritures ? La détermination. Elle voulait savoir ce que Dieu a dit aux hommes et femmes de ce monde. Et elle y parvint.

Sur ce, il n'y a vraiment pas d'excuse pour ne pas lire les Ecritures.

- La Bible : unique loi régissant la vie du chrétien sur la terre

Quelqu'un pourrait aussi dire que la Bible est le contrat entre un Testateur (Dieu) et Ses héritiers (chrétiens). Ceci peut surprendre au premier degré. Comment, me direz-vous, la Bible peut-elle régir la vie du chrétien alors qu'il existe des lois nationales ?

La réponse vient de Jésus qui, en disant *«Laissez les morts enterrer leurs morts»*, sous-entendait que les lois nationales étaient destinées aux morts. Puis quoi ! Jésus a-t-Il tort de traiter les païens de morts ? L'Ecriture n'indique-t-elle pas, à suffisance, que les chrétiens sont vivants, et les païens morts ? N'en déplaise, les chrétiens sont vivants et les païens morts. Jésus n'a pas honte de Ses propos, même s'ils sont particulièrement durs. Les abominations et la dégénérescence continue de la terre ne suggèrent-elles pas de tels propos ? Est-on au bout de nos surprises sur la propension de cette terre à générer abomination sur abomination au mépris de la Parole de Dieu qui l'a créée ?

Celui qui est sincère reconnaîtra que face aux exigences de la sainteté de Dieu, transcrites dans les Ecritures, les lois de la terre sont plutôt laxistes. Celui qui honore la loi de Dieu, transcrite par Moïse et amendée par Jésus, se verra largement au-dessus des habitants de ce monde, tant il sera irréprochable. Lorsque Jésus était sur la terre, Il était tout simplement adorable. C'est par Jalousie que les pharisiens et sacrificateurs Lui trouvaient des failles en disant par exemple qu'Il faisait des miracles par Belzébul. De nombreux peuples, même des soldats de l'armée romaine occupante, venaient solliciter les miracles de Jésus. Tout chrétien, qui observe régulièrement le commandement de Dieu, verra qu'aucune loi de la terre ne lui arrive à la cheville. En fait la vie qu'il mènera sera tellement sainte que les païens viendront soit, le supplier de révéler le Dieu qu'il sert, soit le haïr par pure jalousie.

Cela ne fait-il pas du chrétien un homme beau ? Que Si. Le chrétien est beau car il garde le commandement de Dieu. Les païens le sont moins parce que premièrement, ils sont morts, deuxièmement, ils ne gardent pas le commandement de Dieu, et ils en sont mêmes incapables car c'est par l'Esprit – qu'ils n'ont pas – que l'on peut obéir au commandement de Dieu.

Le chrétien est donc invité à conformer tous les pans de son existence aux saintes Ecritures, sans faute. Alors il verra la gloire de Dieu sur une base régulière. Sa maison sera vraiment bâtie sur un roc selon qu'il est écrit : *La pluie est tombée, les torrents sont venus, les vents ont soufflé et se sont portés sur cette maison : elle n'est pas tombée, car elle était fondée sur le roc* (**Matthieu 7:25**).

Le baptême de feu

> *«Jean Baptiste dit aux Juifs : Moi, je vous baptise dans l'eau, en vue de la repentance, mais Celui qui vient après moi est plus puissant que moi, et je ne mérite pas de porter Ses sandales. Lui vous baptisera d'Esprit Saint et de **feu***» (**Matthieu 3:11**).

> *«Jésus leur dit : Vous ne savez pas ce que vous demandez. Pouvez-vous boire la coupe que Je vais boire, ou **être baptisés du baptême dont Je vais être baptisé** ? Ils lui dirent : Nous le pouvons. Et Jésus leur répondit : Il est vrai que vous boirez la coupe que Je vais boire, et que vous serez **baptisés du baptême dont Je vais être baptisé***» (**Marc 10:38-39**).

- Le baptême de feu : qu'est-ce que c'est ?

Pour être honnête, **Matthieu 3:11** est l'unique verset biblique qui fait ressortir clairement l'expression *«baptême de feu»*. Pour le reste, nous connaissons le baptême d'eau et le baptême du Saint-Esprit. Le verset ci-dessus indique que Jésus sera le seul qui baptisera d'Esprit Saint et de feu – car le baptême d'eau est administré par l'homme. En dehors de ce verset unique dans la bible, on entend régulièrement cette expression dans les communications publiques. D'après le monde, le baptême de feu signifie : *«premier combat du soldat»* parce que les soldats utilisent les armes à feu dans les combats. Toutefois, reconnaissons qu'au temps du prophète Jean le Baptiste, le feu n'était pas encore courant dans les combats comme aujourd'hui. Bien que les soldats romains catapultaient déjà des torches incendiaires, l'arme la plus usitée était l'épée, la lance, l'arc et le bouclier, des armes blanches pour la plupart. En parlant donc du baptême de feu, le prophète faisait certainement allusion à autre chose.

Certains pourraient croire que le baptême du Saint-Esprit est aussi le baptême de feu, car à la Pentecôte, des langues de feu se manifestèrent sur les cent-vingt disciples réunis (**Actes 2:3**). Si l'on devait y trouver le fondement du baptême de feu, on peut s'étonner que le feu ne se soit plus manifesté lors des baptêmes du Saint-Esprit qui ont suivi la Pentecôte, tels que ceux de Corneille, Paul, etc. D'autre part, le Seigneur Jésus-Christ, Premier-Né de la nouvelle création de Dieu, a habitué les disciples à reproduire Ses propres expériences spirituelles. Il ne manquait pas de le leur rappeler. Or il est constant que, lors du baptême du Seigneur Jésus-Christ, aucune flamme de feu ne s'est manifestée. On peut aussi s'étonner que, dans la quasi totalité des actes des apôtres et de leurs lettres épistolaires, aucune allusion à l'expression "baptême de feu" n'ait été faite. Fonder le baptême de feu sur l'apparition des langues de feu, le jour de la Pentecôte, semble bien léger. A quelque occasion du baptême de l'Esprit, il y a eu tremblement de l'endroit où étaient réunis les disciples. Certains pourraient assimiler un tel tremblement à une violence comparable au feu. Là encore, ce serait bien maigre comme explication.

Le baptême de feu existe bel et bien et parachève une vie d'obéissance au Seigneur Dieu. Le Christ l'a connu. Beaucoup d'autres serviteurs de Dieu l'ont connu. La particularité du baptême de feu est qu'il se produit souvent tard dans la vie d'un disciple. La coupe d'amertume que Jésus but, allusion aux péchés de l'humanité qu'Il devait porter en allant sur la croix, constitua Son baptême de feu comme on l'exposera dans le présent chapitre. Faisant allusion à cette coupe qu'Il allait boire, Jésus répondit aux disciples désireux d'être à Sa droite au ciel en ces termes :

> *«Vous ne savez pas ce que vous demandez. Pouvez-vous boire la coupe que Je vais boire, ou **être baptisés du baptême dont Je vais être baptisé** ? Ils lui dirent : Nous le pouvons. Et Jésus leur répondit : Il est vrai que vous boirez la coupe que Je vais boire, et que vous serez **baptisés du baptême dont Je vais être baptisé**»* **(Marc 10:38-39)**.

D'autres traductions parlent de "*coupe de douleur*" et "*du baptême de souffrance*".

La coupe à boire est donnée par Dieu comme une grande épreuve qui attendait le Seigneur. A l'instar du Seigneur Jésus, des épreuves difficiles, sous forme de coupe d'amertume, attendent les disciples du Christ. Le baptême du Saint-Esprit est loin d'en être une car il est donné comme garantie et sceau de l'attachement du disciple à Christ. Ce baptême n'épargne pas des épreuves à venir. Le baptême de feu est toute autre chose.

Le baptême d'eau a bien été défini comme un acte de conformité à la mort et à la résurrection de Jésus-Christ. Le baptême du Saint-Esprit a aussi été défini comme le sceau de l'appartenance du disciple à la bergerie du Christ. Jésus est bien passé par ces deux types de baptême. Toutefois, Il annonce dans le verset **Marc 10:38-39** qu'Il va être de nouveau baptisé, mais cette fois de la souffrance. Pas seulement Lui, mais également Ses disciples, chacun en son temps. Il s'agit du baptême de feu.

Le baptême de feu a donc son explication, qui va largement au-delà des phénomènes extraordinaires comme les langues de feu et le tremblement de terre. Il est clair que le feu est toujours présent lors du baptême de feu, mais pas forcément avec sa flamme habituelle ; mais l'effet produit est identique. Au sortir du baptême de feu, on a vraiment l'impression que tout ce que nous possédions de précieux est parti en fumée et qu'on n'a plus d'emprise sur rien. Un disciple passé par le baptême de feu n'a désormais pour seul héritage que Dieu seul. Tout ce qu'il avait de précieux est parti en fumée. Ses yeux ne se posent plus sur rien. Seul Dieu est son héritage. Le reste ne compte plus. Cette sainteté arrive bien souvent tard dans la sanctification du disciple. C'est pourquoi, de nombreux passages des actes des apôtres n'en font pas allusion. Lorsque l'apôtre Paul s'exprime comme ci-après, il sent que son baptême de feu est en phase finale et qu'il n'est plus qu'une victime spirituelle offerte en libation : *«Car pour moi, me voici déjà offert en libation, et le moment de mon départ approche»* (**2 Timothée 4:6**). Paul est dans l'état d'esprit de celui qui n'a plus rien à attendre des hommes et qu'il ne lui reste plus que Dieu.

Tous les disciples poursuivant leur sanctification, passent à un moment crucial de leur vie par le baptême de feu. Les exemples ci-dessous aideront à y voir plus clair.

- ## Le baptême de feu d'Abraham

Les disciples du Christ sont les fils adoptifs d'Abraham comme le rappelle l'apôtre Paul (**Galates 3:29**). Le dicton ne dit-il pas «Tel père, tel fils» ? Tel Abraham fut, tels les disciples sont. Tel il vécut, tel ils vivent. Les disciples ne doivent pas être surpris que les événements qui ont ponctué la vie de ce patriarche, préfigurent leur marche dans le Seigneur. Ils ne doivent pas oublier que la foi, qui leur est enseignée par les saintes Ecritures, se réfère à celle d'Abraham, comme pour leur rappeler que tel le patriarche vécut, tel les disciples vivront. Les événements qui ont ponctué la vie d'Abraham doivent inspirer leur vie spirituelle. Vouloir y échapper pourrait les éloigner de la foi. L'apôtre Paul, dans son épître aux Galates, rappelle à ses hôtes que la loi de Moïse fut, pour les israélites, un précepteur pour les amener à la foi d'Abraham qui reposait, non sur les œuvres, mais sur la promesse de Dieu (**Galates 3:23-25**).

En observant la vie de ce patriarche, on ne manquera pas d'établir une passerelle avec ce que Dieu exige de la marche quotidienne avec Lui : la sainteté. L'obsession d'un disciple fidèle, c'est de marcher avec Dieu comme Dieu veut et non comme lui, le disciple, veut. Cela est fondamental dans une vie de victoire. Les saintes Ecritures soutiennent cette vérité selon qu'il est écrit :

> *«Nous sommes morts au péché et vivants **pour Dieu en Christ»** (**Romains 6:11***).*

> *«Ce n'est pas moi qui vis, **c'est Christ qui vit en moi»** (**Galates 2:20***).*

> *«**Sans Moi** (Christ), vous ne pourrez rien faire»* (**Jean 15:5***).*

> *«Il (Christ) a été fait pour nous, **sagesse, justice, sanctification et rédemption»** (**1Corinthiens 1:30***).*

> «*Car c'est Dieu qui opère en vous le vouloir et le faire selon Son dessein bienveillant*» (**Philippiens 2:13**).

La vie chrétienne victorieuse n'est pas juste ce qu'on peut déduire de la lecture des saintes Ecritures, mais ce que le Seigneur attend du disciple. L'on pourrait penser que ce que nous déduisons des saintes Ecritures vient de l'Esprit de Dieu. Objectivement parlant, nous n'en doutons pas ; toutefois, la parole de Dieu révélée (*rhema*) est plus fiable que celle déduite de notre intellect (*logos*). La déduction intellectuelle objective n'est pertinente qu'en l'absence de révélation. La déduction suit souvent la logique de ce monde dont l'intelligence est obscurcie. Dieu est saint contrairement à l'homme, et rien ne Lui est comparable. Dieu ne nie pas l'importance de ce qui peut émaner de l'humain, Il relève que ce qui est saint est saint, si insignifiant soit-il ; et ce qui est humain est chair, si noble soit-il. Ce qui vient de la chair est chair et ce qui vient de l'Esprit est Esprit. C'est sur cette base qu'on mesure l'importance du baptême de feu pour les vainqueurs (**Apocalypse 2**).

Le baptême de feu parachève l'épreuve du disciple sur la croix qu'il porte afin de lui assurer, à jamais, la victoire et le repos. En examinant la vie d'Abraham, on constate qu'elle fut loin d'être un fleuve tranquille, surtout au début. Comment peut-on être heureux lorsque l'on possède d'importantes richesses sans héritier biologique et que la femme qu'on aime de tout son cœur est stérile ?

Bien que Dieu garantisse à Abraham du succès dans ses entreprises comme riche propriétaire de bétail, Abraham souffrait intérieurement de l'absence d'un héritier mâle, né de sa femme Sara qu'il aimait. *Je m'en vais sans héritier* fut sa réaction de résignation devant l'ange de l'Eternel qui le visitait, preuve que ce handicap gênait profondément le patriarche. L'attente de cet héritier fut longue et douloureuse. Les Ecritures permettent de compter vingt-cinq années d'attente entre la première annonce de la promesse et la venue d'Isaac – la dernière annonce ayant eu lieu à un an du miracle. Entre temps, l'homme multipliait des prouesses telles que la défaite des rois et la libération de son neveu Loth, fait prisonnier.

Lorsque Dieu honora sa promesse de l'héritier mâle (Isaac), ce fut un grand soulagement pour le vieillard. L'heure du repos n'avait-elle pas sonné ? Ne devait-il pas pousser un ouf de soulagement ? Sa femme ne se considérait-elle pas comme la risée d'autres femmes après ce miracle ? Après tant d'années d'attente de l'héritier, n'était-il pas venu l'heure de passer la main et de jouir d'une retraite tranquille ? Repos d'autant mérité que le patriarche était centenaire à la naissance d'Isaac. Les événements prouveront que Dieu avait autre chose en tête. L'arrivée d'Isaac provoqua un drame humain et familial car Abraham dut expulser Ismaël, le premier fils issu de sa liaison autorisée avec Agar, l'esclave de Sara. Le mariage d'Isaac et de Rebecca fut le résultat d'une expédition périlleuse, conduite de main de maître par un fidèle serviteur d'Abraham. Mais le plus dur était à venir : le sacrifice d'Isaac.

La vie est riche en rebondissements plus ou moins heureux. Le plus douloureux étant la perte d'un être cher. Le sacrifice d'Isaac, demandé par Dieu, n'échappait pas à cette règle. Comment Dieu pouvait-Il demander à Abraham de sacrifier un innocent, fils de la promesse de Dieu Lui-même ? Comment pouvait-Il demander au père biologique d'assassiner son propre fils ? N'était-ce pas cruelle comme requête ?

C'était pourtant Dieu demandant à Abraham, ni plus, ni moins, de Lui offrir son fils, son unique, son tendre aimé. Dieu avait-Il faim et soif de chair humaine ? Manquait-Il de nourriture bien chaude ? Que voulait-Il donc, notre Dieu tendre, miséricordieux, bon et compatissant ? La suite nous le dira. Dieu ne voulait pas de la mort d'Isaac comme Il le démontrera en offrant un bélier à la place. Il voulait quelque chose qu'on n'obtient pas facilement de l'homme, que ce dernier n'offre pas de plein gré. Il voulait quelque chose qui s'obtient dans une violence extrême, à l'instar de la dent que le dentiste arrache sans ménagement. Cette chose c'était Abraham lui-même, l'égo adamique qui sommeillait en lui, que l'Ecriture appelle aussi " vieille nature" ou "vieil homme". L'opération aboutissant à la liquidation de cet égo est le baptême de feu. C'est après ce baptême de feu qu'Abraham sécurisa les promesses de Dieu. Après quoi, le repos lui fut accordé. Après cet événement, le vieux patriarche n'apparaît plus qu'à l'annonce de sa mort. Il était rassasié des jours. Un homme rassasié n'a plus faim, plus de défi à relever.

Le disciple doit se préparer au baptême de feu. Ce n'est pas facile. Il s'agit d'une opération chirurgicale dont Dieu est le chirurgien, et seulement Lui. Il ne s'agit pas d'une opération dont l'église a la charge, ni aucun autre disciple de Dieu, si spirituel soit-il. C'est Dieu, avant, pendant et après. Il n'est pas donné à tout le monde de donner son "Isaac" et chaque disciple possède un "Isaac" dont il n'a conscience qu'au moment où Dieu le réclame. "Isaac" n'est évidemment pas le même pour chaque disciple. Pour certains, c'est une carrière ; pour d'autres, une ambition, un objectif, une distinction, un prestige, un quartier résidentiel, une charge ecclésiastique, un nom célèbre, un emploi, une réputation, une gloire, une assurance vie, une retraite, une habitation, un terrain, une nationalité, etc. Il s'agit d'une cible qu'on n'est prêt à lâcher pour rien au monde.

Face à cela, Dieu dit que ce qu'Il aura pris ou ce que le disciple aura perdu à cause de Lui, Il le lui rendra au centuple, à compter du présent siècle. Il avertit cependant que la vie que le disciple voudra conserver sera perdue. Tandis que la vie qu'il perdra sera retrouvée. La vie dont il s'agit, celle que le disciple doit perdre, c'est sa vieille nature, son vieil homme (**Romains 6:6**).

Que le disciple soit prêt à tout perdre pour la gloire de Dieu ! Car la souffrance précède la victoire selon qu'il est écrit : *«Le vainqueur, Je le ferai asseoir avec Moi sur Mon Trône, comme Moi J'ai vaincu et Me suis assis avec Mon Père sur Son Trône»* (**Apocalypse 3:21**).

- ## Le baptême de feu de Jacob

Jacob était un homme rusé. A sa naissance, il tenait déjà dans sa main le talon de son frère jumeau Esaü. Au sens figuré, Jacob signifie "supplanter" ou "usurper". Bien qu'il fût l'héritier par qui transitait la promesse de Dieu à Abraham, sa propension à résoudre ses problèmes par la ruse était fort connue. Il supplanta son frère aîné Esaü, une seconde fois, pour lui ravir le droit d'aînesse. Il supplanta son beau-père pour lui ravir une partie importante de son héritage. Il régla son contentieux avec son frère aîné par un stratagème de plans A et B, pensant que son frère serait revanchard plusieurs années après leur séparation. Jacob lutta avec Dieu et eut raison, ce qui lui valut le nom d'Israël – celui qui lutte victorieusement avec Dieu. Jacob avait donc une grande confiance en lui-même, basée sur la ruse et les victoires sur ses adversaires. Mais comme dans toute œuvre du salut, la chair n'a pas sa place, Dieu allait, peu à peu, briser cette carapace pour faire prévaloir l'Esprit. C'est ainsi que Jacob, lors de sa lutte avec Dieu, fut frappé d'handicap sur sa hanche. Sa fille unique Dina fut violée et deux de ses enfants conduisirent une expédition punitive en exterminant tous les mâles de l'endroit. Sa femme favorite, Rachel, mourut en accouchant de Benjamin. Plus tard, Joseph qu'il aimait le plus, parce que premier né de Rachel, fut enlevé. Puis ce fut le tour de Siméon, un autre de ses fils, d'être retenu en otage par le gouverneur d'Egypte (Joseph masqué), à la condition que Benjamin lui soit livré. Jacob, ignorant l'identité du gouverneur, s'écria devant ses fils «*Vous me privez de mes enfants ! Joseph n'est plus, Siméon n'est plus, et vous prendriez Benjamin ! C'est sur moi que tout cela retombe*» (**Genèse 42:36**). Une façon pour lui de crier son désarroi face à la série de malheurs qui le frappaient. Il dira plus tard au pharaon que «*ses jours furent peu nombreux et mauvais*». Lorsque sous la pression de la famine qui menaçait sa famille, Jacob consentit finalement à laisser partir Benjamin, sur insistance du fameux gouverneur d'Egypte, il déclara «*Et moi, si je dois être privé de mes fils, que j'en sois privé !*». Sa femme bienaimée Rachel partie, le premier fils de cette femme, Joseph, parti, le dernier fils Benjamin, étant sur le point de partir également, c'en était trop pour le patriarche qui comprit que tout ce pour lequel il s'était tant battu, disparaissait comme une éclipse de soleil. N'avait-il pas sacrifié quatorze années de sa vie pour payer la dot de sa femme Rachel ? Et voilà qu'il était sur le point de perdre le dernier cordon qui le rattachait encore à cette femme. Après avoir consenti à laisser partir Benjamin, capitulant devant un si cruel destin, il se produisit un miracle : non seulement retrouva-t-il son fils Joseph – qu'il croyait mort – ainsi que Benjamin et Siméon, mais aussi préserva-t-il sa fortune qui était sur le point de disparaître à cause de la terrible famine sévissant dans le monde d'alors. Car en effet, Joseph, gouverneur d'Egypte, allait faire bénéficier à la famille de son père, du blé accumulé par ses soins durant les temps meilleurs.

Le départ de Benjamin pour une destination inconnue signifiait, pour le patriarche, la fin de ses illusions terrestres, la mort de son âme. C'était son baptême de feu, la fin d'un processus ininterrompu de pertes matérielles sur ses acquis terrestres. Il dut alors renoncer à lui-même sous la forte main de Dieu. En retour, il retrouva soudainement tout ce qu'il croyait avoir perdu et passa ses dernières années entouré de ses enfants et de Joseph qu'il affectionnait particulièrement. Son consentement à perdre Benjamin au terme d'une succession de malheurs, l'ayant vu passer d'une pleine assurance en lui-même à la confiance en Celui qui avait le pouvoir de tout donner et de tout prendre, Dieu, parachevait son baptême de feu avec succès. C'est en constatant que tout est perdu que l'on gagne finalement tout. Celui qui aura tout perdu, à cause du nom de Jésus-Christ, retrouvera soudainement tout ce qu'il avait, et en quantités supérieures, à commencer par le présent siècle (**Marc 10:29-30**). *Celui qui perdra sa vie la retrouvera.*

- ## Le baptême de feu de Joseph

Comme déjà rappelé dans le chapitre ci-dessus, Joseph était l'aîné des deux fils que Rachel enfanta à Jacob. Ayant perdu sa mère, en bas âge, il dut vivre avec ceux qui n'étaient pas fils de sa mère. Les songes qu'il recevait perturbaient ses autres frères, surtout les songes qui le faisaient apparaître comme le futur chef de la maison de son père (**Genèse 37:5**). La colère de ses frères envers lui décuplait lorsqu'en plus, Joseph rapportait leurs mauvais agissements à Jacob, leur père. Jusqu'au jour où, las de le supporter, les fils de Jacob décidèrent de l'éliminer. Ils saisirent l'occasion d'une sortie collective pour le vendre à un marchand d'esclave et informer leur père que Joseph avait été tué par une bête féroce. Joseph se retrouva en Egypte comme esclave d'un haut dignitaire. Puis de l'esclavage à la prison, après avoir été faussement accusé d'agression sexuelle par la maîtresse de maison. Comment allait-il s'en sortir seul et loin de son père, sous l'accusation qui le condamnait à perpétuité ? Joseph était complètement perdu. Il avait perdu la présence de son père, le respect du dignitaire égyptien et se retrouvait en prison pour le restant de ses jours. Toutefois, Joseph gardait une attitude de vertu partout où les tribulations le conduisaient. Il pouvait ainsi avoir la confiance du chef des gardes sur la gestion de la prison. Puis recouvrant la liberté, il devint gouverneur d'Egypte après avoir expliqué le songe du pharaon sur la famine qui menaçait le royaume et la voie de sortie de crise. Ce n'est pas tout. Lorsqu'il vit ses frères venir en Egypte acheter du blé, alors qu'il avait l'occasion de tirer vengeance pour tous les malheurs qu'ils lui avaient fait subir, il prit le dessus sur la vengeance et permit à sa famille d'émigrer en Egypte. Le baptême de feu de Joseph comprenait alors sa souffrance comme esclave et prisonnier et, surtout, le pardon accordé à ses criminels de frères. Au terme de ces épreuves, Joseph trouva du repos pour lui-même, pour son père Jacob et pour ses frères. Les songes qu'il avait reçus, alors gamin, se réalisèrent. Son attachement à la vertu, malgré ses tribulations, lui valut le salut par la main de l'Eternel Dieu. Après ces événements, l'Ecriture passe à l'épisode de la mort de Jacob et de son fils

Joseph. Après le baptême de feu, suivent généralement le repos et le départ pour l'éternité.

- ## Le baptême de feu de Job

Job était un homme respecté en Israël pour sa fortune et son succès. De plus, il était pieux et craignait Dieu. Suite au défi lancé par le diable, qui présumait que la piété de Job reposait sur sa fortune, Dieu releva le défi en permettant au diable d'attenter à la richesse de cet homme. Puis de la richesse à sa santé. Satan déchaîna alors contre Job, son armée de destruction qui décima tout ce que cet homme avait bâti sur la terre. Il perdit ses dix enfants, tous ses biens et, pour couronner le tout, fut frappé de lèpre. Il tint ferme et ne maudit pas Dieu comme Satan avait espéré. Dieu récompensa la fermeté de Job en lui faisant recouvrer le double de tout ce qu'il avait perdu et en lui donnant du repos jusqu'à la quatrième génération de ses enfants.

Le baptême de feu de Job fut sa persévérance dans la tribulation. Il ne douta pas. Dieu le récompensa alors par une longue vie, dix enfants que sa femme lui accoucha par la suite, et le double de toute la fortune qu'il avait perdue. Job avait retenu la leçon que ce n'est ni par la force, ni par l'intelligence, ni par la richesse, mais par l'Esprit.

- ## Le baptême de feu de Jésus

> *«Jésus leur dit : Vous ne savez pas ce que vous demandez. Pouvez-vous boire la coupe que Je vais boire, ou **être baptisés du baptême dont Je vais être baptisé** ? Ils lui dirent : Nous le pouvons. Et Jésus leur répondit : Il est vrai que vous boirez la coupe que Je vais boire, et que vous serez **baptisés du baptême dont Je vais être baptisé»* **Marc 10:38-39**.

Jésus fut baptisé d'eau et d'Esprit Saint. Il souffrit pendant les trois années que dura Sa mission en préservant Ses disciples malgré un environnement incrédule et moqué par le clergé local, les pharisiens et les scribes. Mais il Lui fallait boire la coupe des péchés de l'humanité à sauver. Non seulement contra-Il les incrédules et les ennemis de Sa mission terrestre, mais aussi, Dieu Lui demanda de boire la coupe d'amertume pour le salut de ceux qu'Il agrée. Le baptême de feu de Jésus fut de boire la coupe en allant à la croix. Notons bien que dans le verset **Marc 10:38-39**, Jésus annonce qu'Il va être de nouveau baptisé, mais cette fois de la souffrance. Pas seulement Lui, mais également Ses disciples, chacun en son temps. Il triompha finalement de la mort, fut ressuscité et S'installa à la droite du Père. Nous savons que Jésus ne but pas la coupe sans avoir, au préalable, sondé Son Père sur la possibilité d'une alternative à la coupe. Mais face au silence du Père, Il alla à la croix et triompha. En allant ainsi sur la croix, Jésus renonçait à Lui-même. Il ne Lui appartenait pas de décider de quelle manière Il devait porter les péchés de l'humanité. Il se soumit à Dieu.

Le baptême de feu marque la fin du processus de renoncement à soi-même. Il s'agit de la dernière grande souffrance ou épreuve qui attend le disciple du Christ dans le monde. Après quoi, vient le repos, soit immédiatement après le baptême de feu (Jésus, Paul, Jacques frère de Jean), ou longtemps après, quand Dieu lui donne de se rassasier de ses vieux jours (Abraham, Jacob, Job, Jean).

- Conséquence du baptême de feu : Dieu unique bien du disciple

> *«Cherchez premièrement Son royaume et Sa justice, et tout cela vous sera donné par-dessus»* **Matthieu 6:33**.

Ces propos du Seigneur ont l'air de sonner faux si l'on se fie au vécu de nombreux disciples aujourd'hui. Il est honnête de dire qu'ils n'en appréhendent pas assez la signification. Pourquoi ? Il existe probablement des raisons que l'on peut analyser objectivement. Mais nous avons vu que la principale raison réside dans le fait qu'ils possèdent *autre chose* en plus de Dieu.

Jésus a été clair. Si un disciple suit deux maîtres à la fois, l'un sera aimé et l'autre détesté (**Matthieu 6:24**). Il n'y a donc aucune cohabitation possible entre Dieu et autre chose dans la vie du disciple. Le drame pour beaucoup de disciples, c'est de croire que cet autre maître dont on doit se méfier est Satan et uniquement lui. C'est à demi vrai si l'on part du principe que Satan est derrière toutes les tribulations des disciples. La réalité est tout autre car on ne saurait voir Satan partout. La bible dit que *tout est utile mais tout n'édifie pas*. Il existe donc plusieurs fardeaux dans la vie qui surchargent et éloignent de la présence de Dieu, des choses qui n'ont nécessairement rien à voir avec le diable. Dieu le sait. Aussi, pour régler le problème ainsi créé, Il va mener une chirurgie profonde par le baptême de feu.

Si on reprend l'exemple d'Abraham, l'on notera que son baptême de feu eut pour effet de tuer la passion qu'il avait pour son fils Isaac. La passion décrit l'intensité du sentiment que l'on peut avoir sur une cible. L'épreuve d'un vieillard, proche de sa fin, obligé de sacrifier un jeune héritier porteur d'espérance, fut douloureuse au-delà de toute proportion. Exécuter l'ordre de Dieu sans broncher, comme il le fit, avait exigé de lui qu'il fît le deuil de cet enfant dans son cœur passionné. Avant de prendre discrètement, mais d'un pas décidé, la direction de la montagne de Morija, il savait que cet enfant ne lui appartenait plus, que Dieu le lui avait définitivement retiré, qu'Isaac appartenait désormais à ce Dieu qui était libre d'en disposer à Sa guise. Aussi pouvait-il, une fois le mariage d'Isaac et de Rebecca célébré, se retirer des affaires sans s'inquiéter de ce qu'il adviendrait du jeune homme. Dieu était là, toujours présent ; cela suffisait au bonheur du vieillard, habitué à tout confier au Très-Haut, son Dieu tant aimé.

C'est ici que réside le drame de nombreux disciples. Ces derniers ignorent que Dieu est leur unique propriété, leur seul bien. Aussi la Parole clame-t-elle dans toute l'Ecriture : *Tu aimeras le Seigneur, ton Dieu, de **tout** ton cœur, de **toute** ton âme et de **toute** ta force*. Très peu de disciples se préoccupent de la profondeur de cette vérité, bien que scandant des cantiques du genre *"Oui prends **tout** Seigneur…"*. Ils sont les premiers à déterrer la hache de guerre dès que le Seigneur ose pincer le moindre bien terrestre qu'ils possèdent. On est disciple déclaré, mais on imite le monde dès que les biens terrestres sont en jeu.

Dans ce monde dominé par le matérialisme, beaucoup de disciples sont tombés dans le piège du diable. Ce dernier a attisé une telle convoitise chez l'homme, pour les biens et la sécurité alimentaire, que de nombreux disciples suivent la tendance sans se rendre compte du piège qu'elle renferme. Oser évoquer l'argent dans l'église contemporaine, même le pasteur devient susceptible, toutes griffes dehors, oubliant jusqu'aux préceptes fondamentaux de la parole pour révéler une cupidité qui n'envie rien au monde. Parce que Dieu n'est pas son unique propriété. En fait il aime Dieu et autre chose. Il aime deux maîtres et finit par haïr, même sans le savoir, le véritable Maître, Jésus-Christ.

C'est un réel bonheur d'aimer Dieu et seulement Lui. Et Lui-même nous donnera ce que notre cœur désire. Nous comprenons que la seule manière d'accéder à ce que nous désirons, c'est d'aimer Dieu comme seul et unique bien, et le Lui faire savoir. Dieu veut qu'on Lui confesse ouvertement et nettement qu'Il est notre unique bien, unique espoir, unique refuge, unique recours, notre tout. Il n'arrachera rien à personne car Il est doux. C'est le diable qui arrache, braque, et non Dieu. Dieu prend la peine de Se tenir à la porte, de frapper pour espérer une invitation à venir souper avec vous (**Apocalypse 3:20**). Il a horreur de la violence, sous toutes ses formes, comme moyen d'exprimer Son amour.

Le bonheur d'aimer Dieu et seulement lui. Ceux qui ont compris la force de ce commandement de Jésus *"Cherchez premièrement le royaume de Dieu..."* vivent dans la sérénité. Dieu est leur seule propriété. De manière précise, ils vivent là où Dieu les a fixés, ils ont des maisons que Dieu a construites, des possessions que Dieu a données, des emplois que Dieu a procurés, des titres et distinctions que Dieu leur a trouvés, des voitures que Dieu a données, des enfants que Dieu a donnés, des connaissances que Dieu a trouvées, des amis que Dieu a cherchés, des relations que Dieu a tissées. Ils se reconnaissent comme ne possédant rien. Ils prennent plaisir à contempler Dieu plus que tout. Ils peuvent, sans gêne, se séparer des choses de ce monde, sachant qu'ils ont une possession meilleure, qui n'a pas de prix : Dieu Lui-même. *Ils suivent l'Agneau partout où Il va.*

Ce qu'il faut faire. Il ne suffit pas de désirer Dieu plus que toutes choses, il faut le Lui signifier. Montrer qu'on ne se contentera de rien en dehors de ce qu'Il donnera. Fixer le regard sur Lui en toutes circonstances. Lui faire savoir le désir d'être conduit par Lui et seulement Lui. Prier ardemment pour rendre cette vérité aussi vivante que la respiration. Alors arriveront le repos et la victoire sans lesquels les promesses du Très-Haut sont vaines. Il faut de la persévérance dans la foi. L'impatience est la ruine de l'âme. On ne doit pas oublier que Dieu veut le TOUT du disciple pour être Son TOUT. Il ne manquera donc pas de l'aider dès qu'Il percevra quelque volonté à faire de Lui, l'unique bien de la terre, le *centre de gravité de l'univers du disciple*.

- **Conséquence du baptême de feu : la séparation d'avec la vieille nature**

Qu'on ne s'y trompe pas, on ne se débarrasse pas de la vieille nature sans souffrir. La compréhension de ce message serait incomplète si l'on n'éclairait pas les contours de la vieille nature. Car la vieille nature prend naissance dans le Jardin d'Eden, après la chute. Elle s'est endurcie avec le long pèlerinage chaotique de l'homme sur la terre, cette terre maudite à cause du péché originel. L'une des pirouettes de la vieille nature est de procurer à l'homme la sécurité. L'absence de Dieu prive l'esprit de l'homme d'un atout majeur qui est la communion avec Dieu. Il lui faut retrouver de nouveaux repères après son expulsion du Jardin d'Eden. Aussi va-t-il s'armer d'un ensemble de principes et de règles de bonne conduite qu'il développera d'une génération à l'autre au moyen de l'école. On ne se débarrasse pas d'une si vieille habitude. Elle est bien présente. Elle est imposée par les cinq sens. Ne parle-t-on pas de *science par l'observation* ? Elle nous envahit et commande le comportement du monde. Aller contre ses règles ne sera pas chose aisée. A qui demandera-t-on de *croire sans avoir vu* ? N'est-ce pas la négation même des principes de la *science par l'observation* ? Ce monde est dominé par le bon sens, la science, la loi, la logique, toutes choses rendues crédibles par la matière, le temps et l'espace. Dieu ne désire qu'une chose, Se placer entre l'homme et ses choix de vie pour l'aider. Jusqu'ici l'homme décide en fonction des principes et règles du monde. Aujourd'hui, Dieu veut Se placer entre l'homme et les décisions à prendre. Il veut que l'homme pense d'abord à Lui, Dieu, avant d'agir. Car Lui, Dieu, a une meilleure perception des choses. Il est Le seul capable de connaître, longtemps à l'avance, ce qui arrivera. Il est l'Alpha et l'Oméga. Les statistiques prévisionnelles servent de boussole pour scruter l'horizon à partir d'une série de valeurs dégageant des tendances significatives et des projections. Mais Dieu est plus précis et connaît la fin de toute chose.

Chers disciples, se débarrasser de sa vieille nature, c'est comme se débarrasser de son âme. C'est mourir. Une telle opération ne peut être conduite par l'homme. Seul le Seigneur peut le faire, au terme d'un processus connu et entrepris par Lui selon le type d'individu que l'on est. Le but de l'opération est d'inculquer à l'homme une perte de confiance totale en ses capacités propres, formatées par le monde et les principes et règles dénoncés plus haut. Dieu seul connaît profondément chacun de Ses disciples. Il connaît "l'Isaac" de chacun. L'opération peut avoir lieu brusquement, lentement, par doses successives jusqu'à ce que, via l'arrachage de cet "Isaac", Dieu parvienne à porter un coup fatal et décisif à cette nature si envahissante. Face à l'initiative du Seigneur, il faut de la persévérance. C'est ici que l'exhortation à éviter les murmures prend tout son sens. L'expérience est très douloureuse, tellement poignante que certains murmurent et, ce faisant, perturbent l'action du Seigneur, jusqu'au blocage. Dans des conditions très difficiles, ponctuées souvent par le silence de Dieu aux supplications, un seul conseil prévaut : Le louer. L'apôtre dit en effet de *Le louer en toutes circonstances*. Le disciple ne saurait y déroger.

Il ne faut pas voir dans la souffrance, un quelconque sadisme du Seigneur. C'est la perception du monde et non celle de Dieu. *Jésus a appris l'obéissance par ce qu'Il a souffert* (**Hébreux 5:8**). Si le Seigneur, irréprochable, a appris l'obéissance dans la souffrance, comment le disciple peut-il penser un seul instant qu'il parviendra au bout de lui-même sans souffrir, pécheur qu'il est ! Il ne faut pas toujours voir, dans la souffrance, une sanction de Dieu. Il faut faire confiance à Celui-là qui martèle, via l'apôtre, que "*Toutes choses concourent au bien de ceux qui aiment Dieu*" (**Romains 8:28**).

Le disciple doit fixer son regard sur Dieu seul, sachant qu'Il lui répondra au temps opportun. Au terme de ce processus, parfois pénible et ténébreux, se trouve une grande délivrance par rapport à sa bête noire : *la vieille nature qui se corrompt si facilement*.

Les défauts du service rendu au Seigneur. Il faut définitivement s'enfoncer dans la tête qu'il n'y a pas de ministère véritable sans une consécration préalable à la personne de Dieu. Ceux des disciples qui n'ont pas réalisé ce que l'on nomme banalement "l'abandon" ne peuvent servir Dieu, à cause des tentations de l'ennemi. Pour résister à l'ennemi, une consécration à minima ne peut suffire. Seule la totalité de la consécration à Dieu procurera le bouclier étanche pour affronter l'ennemi. Satan est très futé. Il passera toujours par les brèches ouvertes dans la vie du disciple pour le faire basculer dans le monde, ou à tout le moins, lui pourrir la vie. Là où la consécration est déficiente, il y a généralement une once de condamnation que Satan va amplifier sous la forme de chantage, du plus anodin au plus honteux. C'est à cause de tous ces risques qu'il est très souhaitable, pour tout disciple, d'attendre un appel véritable pour se lancer dans une mission quelconque pour le Seigneur, même lorsqu'on est baptisé du Saint-Esprit. Car Dieu seul connaît la consécration de chacun. Dans le ministère, une consécration à minima est source d'échecs répétés.

L'image offerte aujourd'hui par de nombreux ministères est fort triste. L'onction est totalement absente de nombreuses activités. De nombreux disciples servent le Seigneur par crainte d'être trouvé "tièdes", la faute à un enseignement de piètre qualité, dispensé la plupart du temps par des ministres non appelés, d*es aveugles conduisant d'autres aveugles*. Aucun ministère ne doit être effectué par motif de conscience. Seul l'appel y donne droit. Il ne doit pas être effectué parce que le titulaire est absent ou empêché. Un service fait sans onction, c'est comme jouer la musique devant un sourd. La nomination seule, même du leader le plus titré d'une communauté religieuse, ne suffit pas à crédibiliser une activité. De nombreux disciples sont en réalité des salariés d'église, d'employés de communautés religieuses ou de ministères. Ils ne tiennent pas leur onction de Dieu. Devons-nous être surpris des plaintes qui émanent souvent des disciples – dans certains pays – relatives aux arriérés de salaires ? J'avoue que cette situation est pour le moins ubuesque. Sont-ce des disciples ? Jésus n'a-t-Il pas envoyé Ses disciples sans salaire, sachant pertinemment que Dieu veillerait sur eux ? Lorsqu'un ministre se plaint publiquement d'arriérés de salaire, c'est la preuve qu'il n'a pas été appelé par le Seigneur, mais par les hommes, fussent-ils disciples. Ce ministre est en effet loin de se douter que sa requête jette, avant tout, l'opprobre sur le Seigneur. Mais il s'en moque car l'Esprit n'est pas présent en lui pour le sermonner et susciter la crainte de Dieu. Quel disciple, digne de ce nom, peut se plaindre "d'arriérés de salaire" alors qu'il doit compter sur le Seigneur ? J'en suis venu à me persuader que le ministre ou collaborateur qui souffre de dénuement, au point de s'en offusquer publiquement, soit il n'a réellement pas été appelé par le Seigneur, soit il n'est pas sensible aux mouvements du Saint-Esprit. Car le Seigneur n'envoie jamais n'importe qui, surtout pas des traitres à Sa noble cause, des personnes oisives en mal de positionnement, qui trouvent dans l'église un exutoire à leur désœuvrement. Ils ne sont pas les bienvenus dans le service de Sa Majesté Divine. Il faut leur dire gentiment et poliment d'arrêter de blasphémer le nom de Dieu en cessant toute activité. Rien ne sert de courir. Il faut partir à point et éviter des traumatismes ultérieurs regrettables.

En résumé, le baptême de feu est le baptême de la souffrance auquel le Christ fait allusion dans **Marc 10:38-39**. Ce n'est ni le baptême d'eau, ni celui du Saint-Esprit. Il s'agit de la dernière épreuve par laquelle les disciples passeront. Nous devons signaler que la souffrance dont nous serons baptisés n'a rien à voir avec un péché pour la sanction duquel cette souffrance serait une juste punition. Job n'avait pas péché. Jésus non plus. Ni Abraham, ni Jacob, ni Joseph. Il s'agit bien au contraire d'une souffrance vécue lorsqu'on est innocent de tout reproche devant Dieu. L'apôtre Pierre conseille dans un tel cas de *remettre son âme à Dieu et de faire le bien* (1 **Pierre 4:19**). Ce conseil est de la plus haute importance car n'oublions pas que l'homme est destiné, non seulement à célébrer l'Eternel là où l'astre brillant, le diable, a failli, mais aussi à s'asseoir sur le Trône de Dieu que Satan convoite tant. Le message de Dieu à l'astre brillant ne varie pas et semble se résumer en ces termes : «*Toi astre brillant, tu ne M'as pas célébré ni rendu un culte malgré la splendeur et la gloire dont Je t'avais paré au milieu de toutes Mes créatures. Regarde comment l'homme, tiré de la poussière, Me glorifie dans la souffrance. N'aurais-tu pas dû M'honorer à bien plus forte raison ?*». Le baptême de feu est donc un parfum d'une odeur spécialement agréable à Dieu. Quiconque passe par ce chemin devrait se garder de maudire le Très-Haut car Il apprécie particulièrement l'instant. Il se délecte de ce culte qui Lui est ainsi rendu dans la souffrance. Le disciple concerné devrait, comme le dit l'apôtre Pierre, *remettre son âme à Dieu et faire le bien.* Alléluia !

Etre toujours joyeux, rendre grâce en toutes circonstances

> *«Soyez toujours joyeux. Priez sans cesse. En toute circonstance, rendez grâces ; car telle est à votre égard la volonté de Dieu en Christ-Jésus»* **1 Thessaloniciens 5:16-18**.

Le disciple, en proie aux tribulations et diverses souffrances, peut penser, en entendant l'appel ci-dessus, que l'apôtre devait se situer dans un état second ne lui permettant pas de bien saisir les réalités du monde alentour. La vie de beaucoup de disciples rime avec adoration quand les choses vont bien, mais tristesse quand tout va mal.

Cependant, l'appel ci-dessus semble braver les circonstances favorables et défavorables de la vie, pour se situer dans une perspective de joie permanente, comme si toutes les souffrances que vivent les disciples sont irréelles.

Tout est question de perspective. Selon qu'on dévisage un objet par-dessus ou de profil, l'on voit des choses distinctes. Pour analyser cet appel à être toujours joyeux, il faut se situer dans la perspective du Seigneur et comprendre que le salut est, avant tout, une parenthèse trouvée par Dieu pour rattraper la chute de l'homme dans le jardin d'Eden, et le replacer dans la perspective du dessein glorieux que Dieu avait avant la fondation du monde, à savoir acquérir des adorateurs, semblables à Son Fils Jésus-Christ, pour célébrer Sa gloire (**Ephésiens 1:11-12**).

Nous avons vu plus haut que l'homme reçoit non seulement l'Esprit de Dieu, mais aussi la promesse de s'asseoir sur le Trône de Dieu que Satan convoite tant.

Dieu a déjà donné un avant-goût de ce Trône en installant Christ, la Tête de l'église, à Sa droite. A ce titre, la parole de Dieu précise qu'*Il nous a ressuscités ensemble et fait asseoir ensemble dans les lieux célestes en Christ Jésus* (**Ephésiens 2:6**). Christ sur le Trône de Dieu présentement, signifie que tout Son corps s'y trouve avec Lui par la foi. Ainsi, chaque disciple du Seigneur, membre de Son corps, doit se considérer comme étant présentement assis sur le Trône de Dieu, par la foi en Christ Jésus. Gloire soit rendue à Dieu pour cette vérité que Satan exècre de toutes ses forces !

Voici toute l'explication : Jésus-Christ a été glorifié après Sa résurrection et Son élévation à la droite du Père. Jésus étant le Chef suprême de l'église, la Tête du corps, là où il y a la tête, là est le corps. Christ est toujours là où il y a Son église. Là où il y a la main, là est le pied, là aussi est la tête. Comme Christ, la Tête, est assis sur le Trône de Son Père, alors Ses membres y sont assis également, c'est-à-dire Son église présente sur la terre. Les disciples sont donc assis présentement sur le Trône de Dieu à travers Christ, par la foi. Au son de la trompette de l'archange, les disciples de Christ quitteront leur enveloppe terrestre pour aller à la rencontre de Christ dans les airs, et Christ les installera cette fois, pour de vrai, sur le Trône de Son Père, selon qu'il est écrit :

> *«Car le Seigneur Lui–même, à un signal donné, à la voix d'un archange, au son de la trompette de Dieu, descendra du ciel, et les morts en Christ ressusciteront en premier lieu. Ensuite, nous les vivants, qui serons restés, **nous serons enlevés ensemble avec eux dans les nuées, à la rencontre du Seigneur dans les airs**, et ainsi nous serons toujours avec le Seigneur»* (**1 Thessaloniciens 4:16-17**).

> «*Le vainqueur, **Je le ferai asseoir avec Moi sur Mon Trône**, comme Moi J'ai vaincu et Me suis assis avec Mon Père sur Son Trône*» (**Apocalypse 3:21**).

Il existe donc trois raisons de se réjouir sans cesse : (i) les disciples de Christ ont été élus, avant la fondation du monde, pour être de vrais adorateurs de Dieu le Père en esprit et en vérité, là où l'astre brillant a failli (ii) Les disciples sont présentement assis sur le Trône de Dieu par la foi en Christ Jésus, la Tête de l'église et (iii) les disciples y sont attendus pour de vrai lorsque l'archange sonnera la trompette au temps fixé par le Père.

Il faut considérer tous les événements heureux ou tristes par lesquels passent les disciples du Christ comme des parenthèses et des ingrédients qui ponctuent leur marche vers un destin fabuleux, un destin qui ne se démentira pas, et qui se situe sur le Trône de Dieu que Satan n'atteindra jamais.

Le disciple du Seigneur Jésus-Christ est donc tenu de regarder les choses dans la perspective de Dieu dont le plan magnifique commence, dès avant la fondation du monde, avant même le péché d'Adam, et se poursuit, via le salut en Jésus-Christ, jusque sur Son Trône. Aucun découragement ne devrait l'abattre au point de priver Dieu de la louange qui Lui est due. Dieu y tient. Ne L'en privons pas. Soyons donc toujours joyeux et rendons-Lui gloire sans cesse.

Récapitulatif

Les chapitres ci-dessus, de la conversion du disciple à l'appel à être toujours joyeux, permettent à quiconque désire se réconcilier avec Dieu, Créateur de toutes choses dans les cieux, sur la terre et dans les eaux, de trouver des éléments de réponse à l'essentiel des questions qu'il se posera. En plus des réponses tirées de la parole de Dieu, nous avons servi une nourriture spirituelle qui permet au disciple de s'immerger facilement dans l'assemblée chrétienne, en évitant les pièges des rebaptêmes, des disputes de mots et autres dérapages. Quoiqu'il en soit, le disciple doit fixer le regard sur le Christ qui, seul, est allé sur la croix pour lui, en faisant confiance à l'onction du Saint-Esprit. Parce qu'aucun autre homme n'est allé sur la croix, quelle que soit la spiritualité de ce dernier, les disciples doivent éviter de fixer leur regard sur les hommes (même spirituels) au détriment du Christ. Le Saint-Esprit est l'Esprit de vérité que le monde ne connaît pas, que le monde ne peut voir. Avec le Saint-Esprit, le disciple a la garantie qu'il est connu et approuvé du Seigneur. Le Seigneur tient énormément à ce que Son disciple Lui fasse confiance et ne devienne pas la proie de vaines ou fausses doctrines qui abondent dans les églises. Souvent sans danger immédiat car elles ont une apparence de vertu, ces doctrines finissent par s'imposer dans les assemblées au détriment de l'Ecriture. Que le Seigneur Dieu accompagne tout nouveau ou ancien converti dans la sanctification.

L'identité véritable du disciple de Christ et sa personnalité dans le monde

L'identité véritable du disciple du Christ

> «*Mais à tous ceux qui ont reçu la Lumière, Elle a donné le pouvoir de devenir enfants de Dieu, à ceux qui croient en Son nom et qui sont **nés**, non du sang, ni de la volonté de la chair ni de la volonté de l'homme, mais **de Dieu**»* **Jean 1:12-13**.

Il a été vu que le disciple de Jésus-Christ, baptisé d'eau et d'Esprit, malgré sa venue au monde par une opération obstétrique impliquant le sang (placenta), est désormais né de nouveau, c'est-à-dire né de Dieu, d'eau et d'Esprit. Il peut désormais se faire appeler disciple, chrétien, enfant de Dieu, fils de Dieu, saint. En apparence, il est comme tout le monde. Mais dans le monde spirituel, il est né de Dieu. Dieu le sait. Les anges le savent. Le diable et ses démons le savent également. Il se pose à lui cette question : comment va-t-il vivre désormais avec cette identité ? Quelles sont les dispositions pratiques par rapport à sa nouvelle vocation ? Quelle sera sa personnalité envers ceux du dehors : parents, amis, collègues, autorités.

En tant que né de Dieu, né d'eau et d'Esprit ou né de nouveau (ces termes sont équivalents), le disciple a rompu avec le monde charnel selon qu'il est écrit : «*Je (Jésus) leur ai donné Ta parole, et le monde les a haïs, **parce qu'ils ne sont pas du monde**, comme Moi, Je ne suis pas du monde*» (**Jean 17:14**). Sur le plan civil administratif, parce qu'il lui est donné de côtoyer le monde dans un Etat, le disciple a une nationalité. En revanche, sur le plan spirituel, il n'est plus dépendant de ce monde. Il fait partie intégrante du royaume des cieux à la tête duquel le Christ règne. Jésus affirma à Ses auditeurs : «*Mais, si c'est par l'Esprit de Dieu, que Moi, Je chasse les démons, **le royaume de Dieu est donc parvenu jusqu'à vous**»* (**Matthieu 12:28**). Plus loin il est dit que «*le Père nous a délivrés du pouvoir des ténèbres et **nous a transportés dans le royaume de Son Fils bien–***

aimé» (**Colossiens 1:13**). Avant qu'Il ne soit crucifié et glorifié, Jésus-Christ était alors l'unique incarnation du royaume des cieux. Aujourd'hui, les disciples du Christ, nés d'eau et d'Esprit, incarnent le royaume des cieux sur la terre des hommes. Ne sont-ils pas le temple du Saint-Esprit et ne forment-ils pas le temple de Dieu ? Pouvait-on imaginer le temple de Jérusalem hors du royaume d'Israël ? Ainsi, là où il y a le temple de Dieu, là est le royaume des cieux. Partout où se trouve le disciple de Christ, parce qu'il est le temple du Saint-Esprit de Dieu, alors là est le royaume des cieux.

A cause de cela, le disciple vit au milieu d'une nuée de témoins, visibles (monde) et invisibles (anges). Il est plus observé qu'il n'y paraît au premier abord. Il ne doit pas s'étonner de passer par des situations inhabituelles et invraisemblables au commun des gens du monde. Son identité nouvelle irritera forcément son entourage et ses contemporains. En prenant l'option de se convertir à Jésus-Christ, le disciple a clairement ouvert les hostilités avec ses contemporains non convertis. Ces derniers essaieront de démontrer au transfuge qu'il s'est trompé de vocation. Le disciple ne doit donc pas s'étonner de l'atmosphère pesante d'hostilité qui se créera petit à petit autour de lui. Son quotidien peut désormais être marqué par la solitude, l'isolement, l'exclusion, la contestation, la haine et d'autres choses semblables. Si cela venait à se produire, le disciple est surtout invité à ne rien tenter pour réconcilier le monde avec lui selon qu'il est écrit :

> *«Heureux serez-vous, lorsqu'on vous insultera, qu'on vous persécutera et qu'on répandra sur vous toute sorte de mal, à cause de Moi. Réjouissez-vous et soyez dans l'allégresse, parce que votre récompense sera grande dans les cieux, car c'est ainsi qu'on a persécuté les prophètes qui vous ont précédés»* (**Matthieu 5:11-12**).

Le disciple ne peut se cacher

> **«*C'est vous qui êtes la lumière du monde.* Une ville située sur une montagne *ne peut être cachée.* On n'allume pas une lampe pour la mettre sous le boisseau, mais on la met sur le chandelier, et elle brille pour tous ceux qui sont dans la maison. *Que votre lumière brille ainsi devant les hommes,* afin qu'ils voient vos œuvres bonnes, et glorifient votre Père qui est dans les cieux»** Matthieu 5:14-16.

Toutes les tentatives menées par un disciple, pour se cacher, seront vaines. Il devra pour cela, s'il tient vraiment à se cacher, reproduire les péchés du monde afin que le monde le prenne pour l'un des siens. Car le monde aime ce qui est à lui, et s'inquiète de tout ce qui lui est étranger. Le monde ne tardera pas à remarquer que le disciple est différent de lui, en le voyant fuir les beuveries et les souillures dont le monde est coutumier. Ceci commencera par ceux de sa parenté biologique. Ces derniers ne manqueront pas de manifester bruyamment leur inquiétude. Le disciple devra alors leur rendre témoignage de sa foi et ne rien cacher, afin qu'ils sachent désormais à quoi s'en tenir.

Est-ce à dire que le disciple doit répandre, partout et systématiquement, la bonne nouvelle de son salut ? Il est difficile de répondre de manière tranchée. Les actes posés par le disciple constituent déjà une lumière pour les personnes de ce monde, pour peu qu'elles soient vigilantes. Quoiqu'il arrive, le Seigneur exhorte Ses disciples à être *prudents comme les serpents et simples comme les colombes* (**Matthieu 10:16**). Ainsi, sans faire du tapage autour de lui, Jésus saura, Lui, mettre Son disciple dans des circonstances favorables (ou défavorables) au témoignage. Le témoignage pouvant être verbal ou autre, selon les moyens de communication disponibles à cette occasion.

La *simplicité* du disciple, telle que recommandée dans le verset **Matthieu 10:16**, peut se comprendre si l'on suit le fil conducteur de ce livre – humilité. Mais le *serpent* alors ?!? Une curiosité autour de cet animal, notamment sa façon de vivre dans le monde parmi d'autres animaux, révèle que le serpent n'est aimé de personne et il le sait. Il n'a ni pattes pour se déplacer, ni carapace pour se protéger. Il a en revanche un venin mortel. C'est pourquoi les autres animaux le redoutent et il le sait. Par précaution, le serpent choisit toujours de se déplacer là où il sera peu remarqué. C'est donc un animal maîtrisant le camouflage à la perfection, sachant que sa présence dérange. Ce qu'il faut retenir de ce verset est que le disciple doit développer des capacités de discrétion comparables, et considérer qu'il n'a aucun ami dans ce monde. Jésus a prévenu Ses disciples en de termes sans équivoque :

> *«Gardez-vous des hommes, car ils vous livreront aux tribunaux et ils vous flagelleront dans leurs synagogues, vous serez menés, à cause de Moi, devant des gouverneurs et devant des rois, pour leur servir de témoignage à eux et aux païens. Mais quand on vous livrera, ne vous inquiétez ni de la manière dont vous parlerez ni de ce que vous direz ; ce que vous aurez à dire vous sera donné à l'heure même ; car ce n'est pas vous qui parlerez, c'est l'Esprit de votre Père qui parlera en vous. Le frère livrera son frère à la mort, et le père son enfant, les enfants se soulèveront contre leurs parents et les feront mourir. **Vous serez haïs de tous à cause de Mon nom ; mais celui qui persévérera jusqu'à la fin sera sauvé»** (Matthieu 10:17-22).*

Le disciple ne peut pas se cacher car il est la lumière du monde. Ses actes le trahiront. Toutefois, il est tenu à la discrétion car il n'est pas le bienvenu. Le monde a en effet horreur de la lumière. Il aime sa propre vérité, à géométrie variable et sélective. Mais il n'aime pas la lumière d'en haut, celle de Dieu qui ne fait acception de personne.

Le disciple doit porter l'opprobre du Christ dans le monde

> *«Sortons donc hors du camp pour aller à Lui (Jésus), **en portant Son opprobre**»* **Hébreux 13:13.**

> *«Celui qui aime père ou mère plus que Moi n'est pas digne de Moi, et celui qui aime fils ou fille plus que Moi n'est pas digne de Moi, **celui qui ne prend pas sa croix et ne Me suit pas, n'est pas digne de Moi»*** **Matthieu 10:37-38.**

> *«Ainsi donc, **quiconque d'entre vous ne renonce pas à tout ce qu'il possède** ne peut être Mon disciple»* **Luc 14:33.**

Hélas de nombreux chrétiens se comportent en ennemis de la croix du Christ. Comment un chrétien peut-il se comporter en ennemi de la croix du Christ ? En plus des péchés qu'il peut commettre, il y a le rejet de l'opprobre du Christ.

Comme le stipulent les Ecritures ci-dessus, les chrétiens doivent se préparer à porter l'opprobre du Christ. Le dictionnaire définit l'opprobre comme une grosse humiliation. Ceux qui n'ont jamais été humiliés de leur vie vont devoir s'y habituer. C'est un passage obligé pour toutes les brebis du Seigneur, afin que plus rien ne compte en dehors de la volonté de Dieu. Jésus Lui-même a souffert l'humiliation. Le chrétien n'étant pas *plus grand que son Maître*, il doit se préparer à être humilié à son tour. C'est ce qu'affirment les Ecritures. Il n'y a pas d'échappatoire.

Etre chrétien est un message envoyé au monde disant : *Haïssez-moi si vous y tenez ! Car je ne suis plus avec vous.*

Jésus invite Ses chrétiens à être prêts à :
- Haïr père, mère, femme, enfants, frères et sœurs, et même leur propre vie à cause de Lui.
- Porter leur croix et à Le suivre.
- Renoncer à tout ce qu'ils possèdent pour Lui.

Aucune dérogation n'est possible. Jésus veut une reddition totale du chrétien. C'est le lieu de noter qu'il existe de nombreuses situations dans lesquelles le chrétien peut être confronté à l'opprobre du Christ.

- Prendre le parti des forts sans vérifier si ce camp milite pour la vérité et la justice, c'est rejeter l'opprobre du Christ.
- Signer un document parce que la majorité l'a signé, ou parce qu'on ne veut ni souffrir ni être persécuté par cette majorité – exemple : perdre son emploi – relève aussi de la forfaiture à l'égard du Christ qui, Lui, aura honte de ce chrétien devant Son Père.
- Soutenir aveuglement son enfant, malgré les fautes évidentes de celui-ci, c'est aimer son enfant plus que le Seigneur.
- Soutenir aveuglement la position de son clan, sa famille, son pays, alors que ces derniers ont tort sur toute la ligne, relève aussi du mépris de la croix du Christ.
- Refuser de tendre la seconde joue, de céder la seconde tunique, de parcourir un kilomètre supplémentaire lorsqu'on est sous la contrainte revient aussi à rejeter l'opprobre du Christ.

On peut citer plusieurs situations comparables où les chrétiens sont appelés à porter l'opprobre du Christ. Dans la réalité, ce n'est pas facile, alors pas du tout. Souvenons-nous de Pierre reniant ouvertement le Seigneur devant Ses geôliers. C'est dire à quel point, porter l'opprobre du Christ n'est pas aisé. Pierre se repentit et devint celui que nous connaissons, bravant ouvertement le Conseil Juif de Jérusalem qui, quelques semaines auparavant, avait condamné Jésus.

J'aime à rappeler un cantique fort à propos sur l'opprobre du Christ. En voici un court extrait :

> *Mais **le chemin du calvaire***
> *Est **étroit et périlleux**.*
> *C'est un **chemin solitaire**,*
> ***Difficile et ténébreux**.*

Les chrétiens ne doivent pas se méprendre sur ce qui les attend. Leur promettre monts et merveilles durant leur pèlerinage terrestre ne relève pas de l'évangile du Christ. De nombreux chrétiens ont tellement envie de remplir leurs églises qu'ils prêchent un évangile au rabais et obtiennent une confession des lèvres. Les chrétiens, issus de ce procédé, sont souvent les aventuriers de l'Eglise. Ce sont ceux qui reçoivent la parole sur un endroit pierreux. A peine le soleil paru, la parole sèche car n'ayant pas trouvé la bonne terre.

N'oublions pas que Jésus-Christ Lui-même eut à essuyer le rejet de Sa propre famille biologique. Sa famille, incrédule comme la majorité des Juifs, Lui fit savoir que c'était à Jérusalem qu'un prophète devait faire ses preuves, et non en Galilée où Jésus venait d'accomplir ses premiers miracles.

Loin de nous l'intention de minimiser la souffrance et la solitude de nombreux chrétiens à cause de leur foi. Le rejet des siens, de sa propre mère par exemple, n'est pas facile à vivre. Cependant, c'est la croix à porter. Jésus n'a pas dit qu'elle serait facile à endurer. Le chrétien est invité à persévérer malgré la douleur. Sa récompense sera grande, même avant l'arrivée du Seigneur. En cas d'erreur, nous avons, comme l'apôtre Pierre, la possibilité de nous repentir et d'aller de l'avant, supportant l'opprobre de Christ à la gloire de Dieu le Père.

L'opprobre consolide la foi du chrétien. Il va sans dire que l'opprobre du Christ met le chrétien dans une position critique où il se sent seul devant l'adversité. Le chrétien souffre de solitude lorsqu'il est obligé de s'opposer à tout le monde – dont parents et amis – au nom du Christ. Ce n'est pas qu'il soit inconscient de la situation. Il est parfaitement conscient qu'il prend une position minoritaire, pouvant lui valoir d'être accusé d'arrogance. Mais il doit tenir ferme car c'est ce que le Seigneur lui commande. Le Seigneur tint ferme lorsque, traqué par les Juifs, Il prit la nette résolution d'aller à Jérusalem. Paul tint ferme lorsqu'il s'empressa d'aller à Jérusalem alors que des prophéties annonçaient sa capture. L'opprobre n'est pas une amie, mais elle aide à vivre des situations critiques que seuls les chrétiens, déterminés et consacrés, peuvent vivre. C'est dans ces moments que le Saint-Esprit, le Consolateur, redouble de tendresse et de consolation pour maintenir le chrétien dans une dynamique positive. Il sortira de cette épreuve avec une foi inébranlable. Jésus Lui-même eut des difficultés à obéir lorsque la sueur, semblable à des grumeaux de sang, perlèrent sur Lui, tant l'angoisse était forte. Mais l'Ecriture dit *qu'un ange Lui apparut du ciel, pour Le fortifier* (**Luc 22:43**).

L'opprobre permet des récompenses occasionnelles et franches. Aucun travailleur ne travaille sans salaire. L'opprobre du Christ est un investissement productif qui rapporte. Jésus dit à ce propos :

> *«Il n'est personne qui ait quitté, à cause de Moi et de l'Évangile, maison, frères, sœurs, mère, père, enfants ou terres,* **et qui ne reçoive au centuple, présentement dans ce temps-ci, des maisons, des frères, des sœurs, des mères, des enfants et des terres, avec des persécutions** *et, dans le siècle à venir, la vie éternelle»* (**Marc 10:29-30**).

Remarquez bien la précision : '**présentement dans ce temps-ci**' c'est-à-dire que le chrétien n'est pas obligé d'attendre le retour de Jésus-Christ pour ramasser les dividendes de son labeur. Il peut être douloureux de rappeler les héros anciens ayant attendu très longtemps, parfois même trop au goût d'aujourd'hui, avant d'obtenir ce qu'ils espéraient. C'est le cas de Sara qui attendit sa quatre-vingt-dixième année pour accoucher l'héritier d'Abraham, son époux. Rebecca attendit vingt ans, Rachel environ douze ans, Anne – mère du prophète Samuel – certainement plus, tandis qu'Elizabeth accoucha le prophète Jean-Baptiste dans sa vieillesse. Bien que l'Ecriture n'exclue pas explicitement de tels délais dans ces temps de la fin, il est possible que l'espérance de vie post-centenaire des habitants de l'antiquité en soit la raison. Sara mourut âgée de cent-vingt-sept ans alors que l'espérance de vie des femmes, aujourd'hui, excède rarement quatre-vingts ans dans les pays à système de santé développé. Nous ne savons pas combien de temps dura l'épreuve de Job, mais elle prit fin un jour, à la gloire de Dieu.

L'expérience de plusieurs chrétiens fidèles atteste que le Seigneur multiplie les occasions de détente et de consolation parmi Ses chrétiens pour, à la fois, consolider leur foi et récompenser leur persévérance. Il n'est pas facile de prêcher l'évangile à une nuée de témoins lorsqu'on est constamment en situation de précarité et de vulnérabilité. Dieu fait triompher Ses enfants dans le monde, contre leurs ennemis en particulier, bien avant le retour annoncé du Christ. C'est une certitude.

L'opprobre permet de s'unir aux esprits des auteurs de la Bible. Cela ne ressort pas en apparence, mais nous ne devons pas nous méprendre sur la situation vécue, à leur époque, par les saints des Ecritures : Matthieu, Marc, Luc, Jean, Paul, Pierre, Jacques, Jude, etc. Voir plusieurs systèmes ecclésiastiques tenir les cultes dans des lieux huppés, riches en sculptures anciennes et toiles de grand prix, peut donner à penser que les Ecritures ont été écrites dans des conditions favorables. Cela n'est pas vrai ; tout comme Jésus trouvait hypocrite le blanchiment des tombes des prophètes morts martyrisés, car la blancheur de ces sépulcres laissait faussement penser que ces prophètes étaient décédés de mort douce. Paul écrivit la plupart de ses épîtres dans des chaînes. D'autres étaient régulièrement en fuite, traqués par les ennemis de la vérité, cachés par des chrétiens bravant les édits anti-chrétiens. L'opprobre permet au chrétien de rentrer dans la peau de ces héros de la foi pour mieux comprendre le contexte dans lequel les Ecritures furent écrites et propagées. Inutile de dire à quel point ceux qui portent l'opprobre du Christ ont une grande ouverture d'esprit pour comprendre les Ecritures dans leur diversité.

Les écluses des cieux aux héritiers de Dieu et cohéritiers avec Christ sur la terre en ce temps-ci

> «*Mettez-Moi de la sorte à l'épreuve, dit l'Éternel des armées. **Et vous verrez si Je n'ouvre pas pour vous les écluses du ciel**, si Je ne déverse pas pour vous la bénédiction, **au-delà de toute mesure**»* (**Malachie 3:10**).

Les chrétiens doivent porter leur regard vers le ciel et ne pas négliger un gros atout mis à leur disposition : les écluses des cieux. C'est manquer d'espérance et faire preuve d'étroitesse de vue que de croire que les écluses des cieux ne seront disponibles qu'après l'enlèvement, ou à la fin des temps. Il n'est pas juste de penser de la sorte car Dieu nous a déjà donné un aperçu de ces écluses durant le voyage terrestre de Jésus, et même avant ce voyage, à l'époque des prophètes.

Entendons-nous bien sur ce qu'on entend ici par 'écluses des cieux'. En gros, il s'agit des ressources des cieux, non présentes sur la terre. Elles sont inaccessibles aux hommes, même munis d'outils modernes d'extraction. Aucune carte géographique ne peut les localiser car elles sont tout simplement inexistantes sur la terre. Mais elles sont présentes au ciel. Ce sont ces ressources qui se déversèrent sur les israélites comme la manne venue du ciel. L'Eternel n'avait pas regroupé tous les boulangers de la terre pour nourrir les israélites dans le désert. Ce sont les écluses des cieux qui déversèrent la manne dans le désert. C'était un événement historique et extraordinaire en raison, peut-on dire, du long pèlerinage du peuple de Dieu loin de la terre promise – quarante ans.

Mais souvenons-nous que le peuple israélite, après s'être installé sur la terre promise, avait continué à bénéficier des écluses célestes sous d'autres formes. C'est le cas des anges terrassant les soldats d'une puissante armée en face d'une armée israélite diminuée (**2 Rois 19:35**). C'est le cas de l'Eternel retournant les soldats ennemis les uns contre les autres jusqu'à leur total anéantissement (**Juges 7:22**).

Plus proche de nous, souvenons-nous de Jésus-Christ arrêtant la tempête, multipliant le pain, ressuscitant les morts, marchant sur les eaux et opérant divers miracles. Il s'agit d'opérations faisant intervenir les cieux, sans recours quelconque aux ressources de la terre. Or Jésus a promis que Ses disciples *feraient eux-aussi les miracles qu'Il avait accomplis ; voire plus, compte tenu du peu de temps à Lui imparti par le Père.* Que déduire de tout cela ? La seule déduction possible est que les chrétiens doivent aussi s'appuyer sur les écluses des cieux pour atteindre leurs objectifs.

Honnêtement, les ressources de la terre ne suffisent pas au bonheur des chrétiens. Ces derniers doivent ouvrir leur intelligence et tendre les mains vers un héritage disponible : les écluses des cieux. Jésus y eut recours. Eux aussi doivent y avoir recours. Oh que le Seigneur nous vienne en aide et ouvre notre intelligence pour saisir ces opportunités.

Il est triste que l'intelligence des chrétiens soit uniquement formatée par les sciences et le raisonnement de ce monde, lesquels donnent une estimation chiffrée des ressources de la terre. Les chrétiens ont donc pris l'habitude de s'y référer, comme le monde, pour se projeter dans le futur. Les humains n'ont pas tort d'estimer le potentiel terrestre pour arrêter les programmes du futur. Ils n'ont que cela à se mettre sous la dent. Mais les chrétiens disposent des écluses des cieux, en plus de la terre. Ils sont autorisés à s'y ressourcer en cas de besoin. Qu'ils adressent des prières à Dieu au nom de Jésus et ils verront la gloire de Dieu.

A ce sujet, l'attitude des chrétiens face aux maladies est proche de la mentalité païenne. Ils agissent exactement comme les païens.

Nous devons admettre que les ressources de ce monde ne suffisent pas au bonheur des chrétiens à qui Dieu a promis des nations et un sceptre de fer. A l'instar de Jésus stoppant la tempête, multipliant le pain, ressuscitant les morts, guérissant les maladies diverses, le chrétien a vraiment besoin que les écluses des cieux coulent sur la terre. On ne devrait pas s'étonner de l'ouverture des écluses des cieux aux chrétiens. Dieu n'a-t-Il pas déclaré que *la terre était maudite à cause de l'homme ? Qu'elle produirait des épines et des ronces au bout de l'effort* (**Genèse 3:17-19**) ? Comment imaginer que Dieu puisse s'appuyer sur une ressource aussi confuse et instable pour nourrir Ses enfants ? Absurde.

Nous insistons encore sur le fait que le champ des bénédictions du chrétien dépasse largement la terre et son potentiel. Si le chrétien s'appuie sur les biens de ce monde, il entrera en compétition avec le monde qui lui livrera une guerre sans merci, quand bien même ce chrétien aurait le dernier mot. Le chrétien a besoin que les écluses des cieux s'ouvrent à lui. Jésus en eut recours durant Son voyage terrestre, en déclarant qu'après Son départ, Ses disciples feraient eux-aussi les miracles qu'Il avait accomplis, voire davantage car Sa mission ne durait que trois ans, contrairement aux chrétiens qui ont toute la vie devant eux. Ne crachons donc pas sur un tel atout basé sur des promesses claires.

Dieu a promis les écluses des cieux, ouvrons ces robinets célestes sans attendre la vie après la mort.

C'est maintenant, amen !

Edition, Montage infographique :
Job Daniel Jean, ministère chrétien pour l'enseignement
Photo de couverture : Auteur

Cet ouvrage a été conçu, achevé et rendu disponible à l'imprimerie en
Octobre 2015

N° d'édition : 01
Dépôt légal : Octobre 2015
Imprimé à la demande par CreateSpace/Amazon